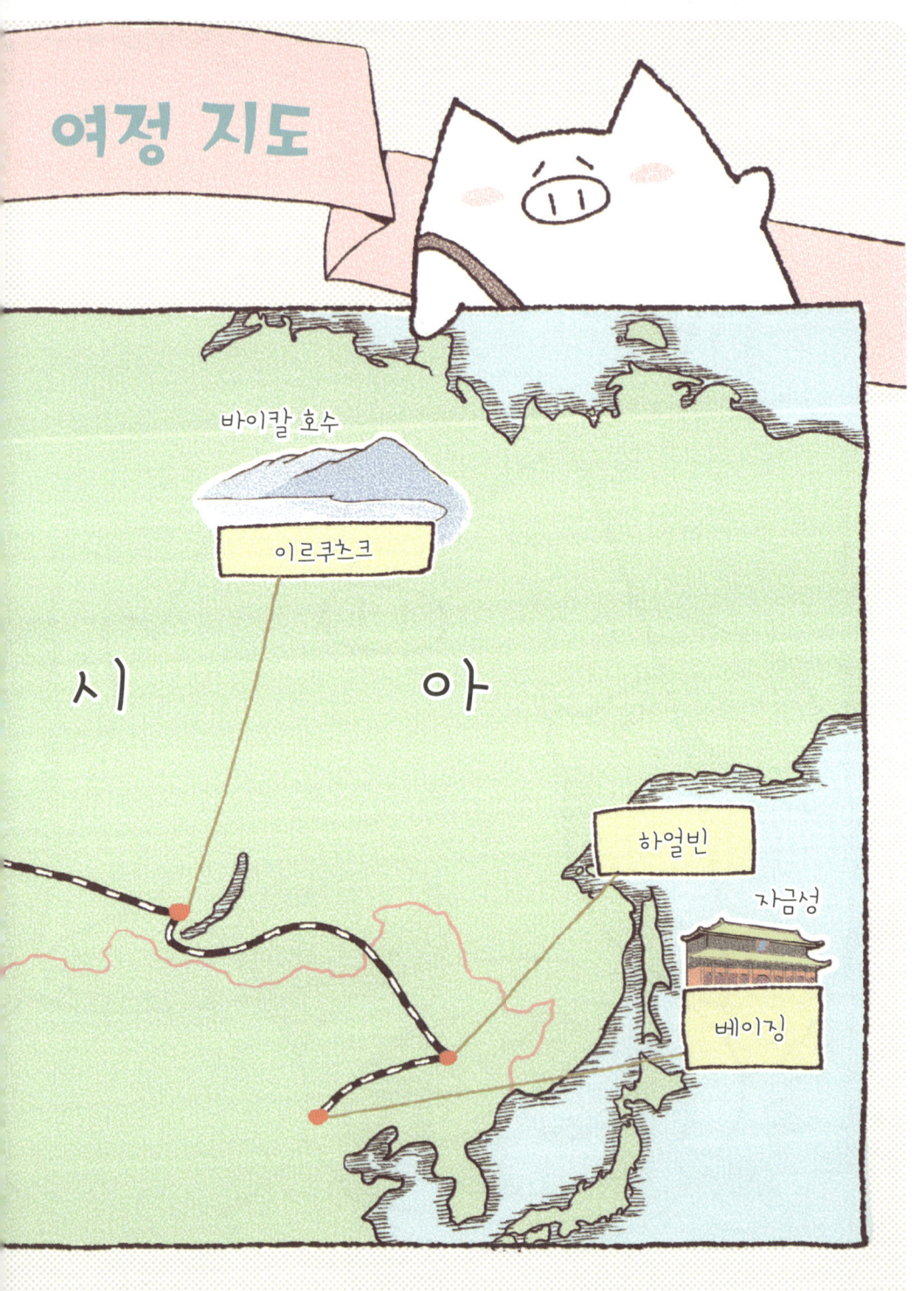

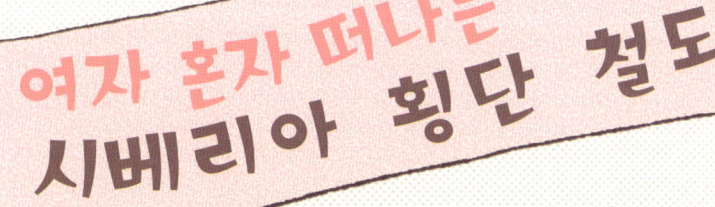

여자 혼자 떠나는
시베리아 횡단 철도

예르미타시 미술관

상트페테르부르크

러

성 바실리 대성당

예카테린부르크

모스크바

**여자 혼자
시베리아
철도 여행**

차례

마트료시카*
Матрёшка

돼지료시카**
Бутарёшка

* 인형 안에 더 작은 인형이 3~5개 계속해서
  나오는 나무로 만든 러시아의 전통 인형─옮긴이.
** 자신을 돼지로 묘사한 작가와 마트료시카를
   합성한 이름─옮긴이.

プロローグ

1916년에 전 구간이 개통되어 지금도 여전히 현지인에게 발이 되어주고, 관광객에게도 편의를 제공하고 있다.

상트페테르부르크
모스크바
예카테린부르크
이르쿠츠크
하바롭스크
블라디보스토크
울란바토르 (몽골)
베이징 (중국)

아시아와 유럽을 연결하는 시베리아 횡단 철도는 총 길이 9,247 킬로미터로 세계에서 가장 긴 철도다.

음~

로맨틱해!

언어와 문화가 다ᄅ 사람들이

같은 객실 안에서 함ᄁ 잠을 자고 밥을 먹는 여행!

그때의 체험을 지금부터 이야기해 드릴게요.

꾸벅

그래서 결심했죠! 2010년 6월, 그토록 꿈꾸던 시베리아 철도를 타게 됩니다.

그런 생각으로 저지른 일이 유라시아 대륙 여행이었다.

벼르고 별러서 큰맘 먹고 가는 거니까 가고 싶은 곳에 다 가보자.

스물다섯 살이 되자 먼저 회사에 사표를 던졌다.

START

7개월 동안 여자 혼자 떠나는 방랑 여행

라는 꿈을 꾸고 있었다.

언젠가는 꼭 육로로 유라시아 대륙을 여행하고 싶어!

나는 원래 도쿄에서 근무하는 평범한 직장 여성이었다. 그런데…

비자

전철 티켓*

호텔 예약

MOTEL

그래서 시베리아 횡단 열차를 이용하는 러시아 여행사를 찾다가 여행사 상품을 발견!

광대한 유라시아 대륙을 피부로 직접 느끼고 싶었다.

끝없이 펼쳐진 광야를 오로지 앞으로, 앞으로만 달려가는 기분은 어떨까!

그중에서도 꼭 해보고 싶은 것이 시베리아 횡단 열차를 타보는 것!

'도쿄 스카이 트리'는 그 당시에 한참 건물이 올라가는 중이었다

일단 북유럽 노르웨이로 출발!

* 1929년에 철도의 전철화가 시작되어 2002년에 전 구간의 전철화가 완료되었다—옮긴이.

노르웨이의
여름 축제 ♪

2주일 동안
노르웨이,
스웨덴,
핀란드를
돌아다녔다.

노르웨이의
항구도시
오슬로에
도착!
오슬로는
기나긴
겨울이
지나고
나뭇가지에
연둣빛
싹이 트는
초여름
이었다.

스웨덴에서는
어떤 할머니에게
수제 케이크를
받기도 했다

야, 맛있다

혼자 떠나는
해외여행은
처음이라
불안했지만,
친절한 이들이
많아서 여행을
즐기며 다닐 수
있었다.

영어가 통해서
정말 다행이야!

♥

어라, 티켓이
어디 갔지?

헬싱키 역

그리고 드디어
러시아로 출발!
핀란드의
헬싱키에서
러시아의
상트페테르
부르크로
이동하는 날.

마치 '무민 월드'*에 온 듯한
핀란드의 어느 도시에서
거리를 활보하며
돌아다니기도 했다.

♥

* 무민 월드(Moomin World) : 핀란드의 동화작가 토베 얀손의
  〈무민 시리즈〉로 조성한 어린이 테마파크─옮긴이.

끙, 러시아에 들어가기 전에 키릴 문자*를 배워둘걸.

러ㅅㅣ아어 연습

헉! 이제 보니 티켓이 러시아어로 쓰였네!

아, 이게 도대체 무슨 뜻이야?

다행히 열차마다 차장이 서 있었다. 차장에게 티켓을 보여줬더니

시베리아 행이니까 시벨리우스 호**가 맞겠지?

St. petersburg

SIBELIUS

뭐라?!

Sorry!

그런데 내가 왜 미안하다고 하는 거지?

어쩌지? 러시아어는 전혀 모르는데.

I can't speak Russian.

쿠다 비 КудаВы 나브라례치스? направляетесь? (어디로 갑니까?)

헉! 러시아어 같은데.

---

* 키릴(Cyrill) 문자 : 9세기 말 불가리아 보리스 왕의 요청으로 키릴 형제의 제자들이 만든 문자. 불가리아를 비롯해 러시아, 우크라이나 등에서 사용하고 있다.
** 시벨리우스(Sibelius) 호 : 핀란드와 러시아를 연결하는 국제열차. 시베리아 철도는 아니다.

차장이
너무 무서워.

이 전철을
타면 된다는
뜻인가?

턱으로 뭐라고
하는 것 같은데…
뭐라는 거야?

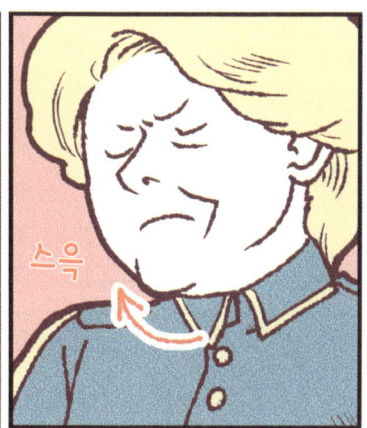

스으

이런
식으로
열심히
러시아어를
공부하려고
했지만

맛있습니다
"브쿠스나"

고맙습니다
"스파시바"

미안합니다
"이즈비니쩨"

러시아어

아, 역시 영어는
안 통하나 봐.

에휴~

쿨쿨…

공부만 시작하면
졸려서 말이지

어라,
사람들이
많이 타네?

РУСПОВСКАЯ

키릴 문자다.
혹시 벌써
국경에
도착한 건가?

끼익~
끼익~

헛!

구, 군인인가?!

일단 숨어야지

저벅

저벅

저벅

90°

홱

?

저벅

앗, 여군도 있네!

아!

저, 무슨 말씀인지?

호, 혹시 여권 달라는 말인가요?

파스파르트 паспорт (여권!)

파카지티아 므니에스와이 Покажимнесвой паспарт паспорт (여권을 보여주세요!)

상냥한 북유럽 사람과 달리 러시아인들은 굉장히 무뚝뚝하다.

드디어 전철이 상트페테르부르크에 도착했다.

아무리 군인이라 해도 그렇지 너무 무뚝뚝한 거 아냐?

뭘 본 거야? 입국 심사를 한 건가?

러시아 여군은
짧은 미니스커트에

검은 스타킹과 하이힐을 →
신은 경우가 많다

1장 북쪽의 베네치아,
   상트페테르부르크

1장 북쪽의 베네치아, 상트페테르부르크

핀란드에서 전철로 5시간이면

러시아 상트페테르부르크에 도착한다.

읽기는 잘 못하지만 느낌으로 알 수 있거든!

여기가 아마 상트페테르부르크 역일 거야.

СAHKT ΠЕТЕРБУР

사, 상트, 페테르부르크.

←키릴 문자책

상트페테르부르크에 도착!

오~!

고교 시절에 만화 《여제 예카테리나》*를 탐독하고 러시아를 동경했는데…

드디어 상트페테르부르크를 보게 되는구나! 지금부터 예카테리나 놀이를 해볼까?

*《여제 예카테리나》: 18세기 러시아 제국을 통치했던 여제 예카테리나2세의 이야기를 담은 만화.

날씨가 우중충

헉!

하지만 역을 나와 보니…

두근 두근

그런데 생각했던 것보다 건물들이 낡고 어쩐지 분위기도 우중충하네.

상상한 모습 →

그래도 상트페테르부르크는… 아마 이런 모습이겠지?

누가 지나가면 물어봐야지.

호텔로 가는 길이 맞나?

지도

저기, 이즈비니쩨 Извините (실례합니다)

모처럼 아름다운 금발 미녀가 지나가는데 한번 물어볼까.

끼익—

이 노면전차는 언제부터 달리기 시작한 걸까?

소련식 디자인

다?
무슨
뜻이지?

호텔
상트페테르
부르크?

저쪽?

다, 다
да, да

아하!
'예'라는
뜻이네.

러시아어 회화

'다, 다'라고
하니까 어른이
꼭 아기 말을
하는 것 같아.
큭큭. 귀여워.

파잘루이스타
пожалуйста
(천만에요)

스파시바
Спасибо
(고맙습니다)

나 혼자만
백패커 차림.

고급 호텔이라서
그런지
지나다니는
사람이 전부
양복 차림이었다.

무사히
호텔에
도착했다.

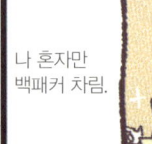

덜컥

어?

부끄러울
땐 빨리
방으로
도망가는
수밖에.

'외국인은 전용 호텔에 묵어야
한다'라는 일본 여행사의 말에
따라 어쩔 수 없이 하룻밤
자는 데 2만4천 엔이나 하는
고급 호텔을 예약하게 되었다.

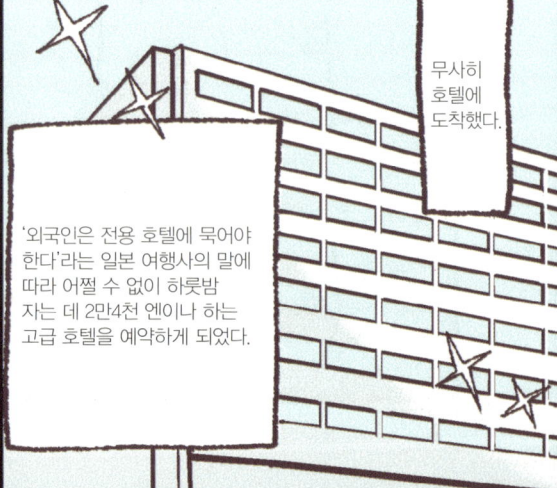

호텔 방 유리창 너머로 반짝반짝 빛나는 네바(Neva) 강이 보였다.

우와, 전망 끝~내준다!

제일 마음에 드는 건 방을 혼자 차지할 수 있다는 것.

욕조에 뜨거운 물도 나오고.

침대가 두 개나 있네!

피웅~!

늘 알뜰하게 여행을 다니다보니 합숙소처럼 여럿이서 방을 사용했다

참, 이러고 있을 때가 아닌데! 얼른 예르미타시 미술관으로 가야지!

과연 하룻밤 자는 데 2만 4천 엔이나 하는 고급 호텔다웠다.

마치 예카테리나 여제가 된 기분 이라고나 할까?

네바 강
다리를
건너는 중.

와~

군인 아저씨가
여유 있게
낚시질하는
모습도 보이고

어? 그런데
지금 근무
시간 아닌가?

젊은이들이
차를 마시기도
하고

강변길은
상트페테르
부르크
시민들에게는
쉼터인 것
같았다.

…마켓
(маркет)
이라면… 아하,
슈퍼마켓
(супермаркет)
…인가?

해외여행을
다니다보면
여행지의
슈퍼마켓이
늘 궁금했다.

СУПЕР
МАРКЕТ
24 часа

저건
뭐지?

러시아가
의외로
자유롭고
느긋한
분위기인 것
같아.

20

빵이 아직 따뜻해.

왠지 마음이 훈훈해지는 느낌이었다.

바삭

아삭

여, 여긴 뒷골목 같은데. 이 길이 아닌가?

관광지에 있는 가이드에게 길을 물었더니 고맙게도 지도를 그려 주었다.

빵집을 나와 예르미타시 미술관으로 가기 위해 넵스키 대로 (Nevsky Avenue) 쪽으로 걸어갔다.

상트페테르부르크 중심가인 넵스키 대로는 브랜드 숍과 멋진 레스토랑이 즐비해서

도쿄로 치면 긴자에 해당하는 거리다.

헉!

우와!

예르미타시 미술관이다!

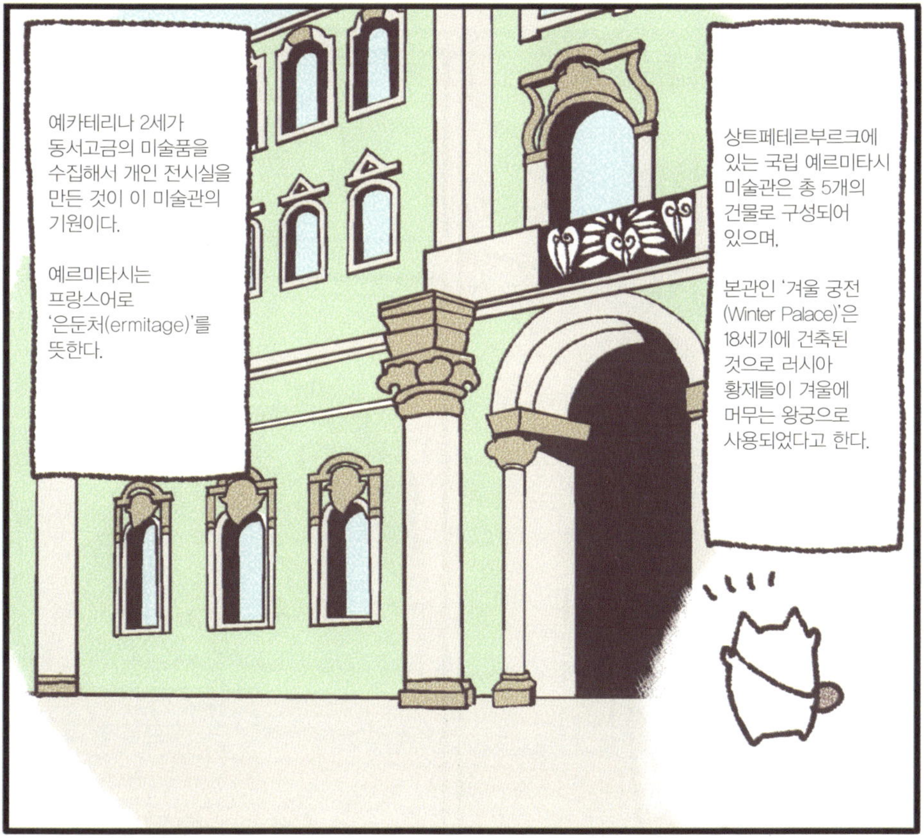

예카테리나 2세가 동서고금의 미술품을 수집해서 개인 전시실을 만든 것이 이 미술관의 기원이다.

예르미타시는 프랑스어로 '은둔처(ermitage)'를 뜻한다.

상트페테르부르크에 있는 국립 예르미타시 미술관은 총 5개의 건물로 구성되어 있으며,

본관인 '겨울 궁전(Winter Palace)'은 18세기에 건축된 것으로 러시아 황제들이 겨울에 머무는 왕궁으로 사용되었다고 한다.

매표소를 빠져나가 조금만 가면 바로 '대사의 계단'이 있는데, 외교사절이 황제를 만나기 위해 오르내린 계단이라는 뜻에서 붙여진 이름이다.

동화 같은 실내장식, 화려한 샹들리에는 아무리 봐도 질리지 않을 것 같았다.

까~

까~

이 계단이 대사의 계단이란 말이지!

예카테리나 2세가 처음으로 여제 옐리자베타 (Elizabeta, 재위 1741~1761)를 알현할 때 밟았던 계단이기도 하다.

혼자 떨리는 마음으로 계단을 오르고 있는 중

※ 미술관 내부는 사진 촬영 OK

대부분의 방들이 섬세한 파스텔컬러로 채색되어 있는데 반해 예카테리나의 방은 아주 선명한 빛깔로 채색되어 있다.

과연 예카테리나 여제야!

여기가 그 대단한 예카테리나 2세의 방이구나.

이 어두침침한 도서관에서 무혈혁명을 구상하고 러시아 통치 정책을 수립했다는 말이군.

두둥~

독서에 심취했던 예카테리나는 1795년에 러시아 최초의 국립도서관이자 황실 소속 도서관을 설립한다.

게오르기 홀
(대옥좌관)

까아~
멋지다~~~♡

옥좌까지 너무 멀~어!

어?

이제 화이트홀 (The White Hall, 회화를 그리는 방)로 이동!

결혼식을 기념하기 위해 건축된 방으로 건물이 온통 흰색으로 채색되어 있어 햇빛이 들어오면 눈이 부시다.

이 초상화…

포툠킨?

ПОТЁМКИН potemkin

이, 이쪽이 예카테리나의 남편인 표트르 3세!

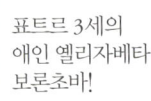

표트르 3세의 애인 옐리자베타 보론초바!

이 사람이 예카테리나 2세의 가장 가까웠던 연인이자 천재 정치가 포툠킨이란 말이지.

Grigori Potemkin (1739~1791)

실제로 있었던 인물 맞구나. 역사 속 인물은 왠지 현실감이 느껴지지 않아서 말이야.

그리고 혹시 저 흉상은…

예카테리나
2세다!

아, 역시

그런데 저
눈빛은 무슨
생각을 하는
걸까?

혁명을 거쳐
황제가 된
예카테리나 2세는
문예부흥을 이룬
위대한 여제라는
평가도 있지만
실상은...*

* 한편으로 귀족 정치를 추구해 농도들의 삶을 힘들게 하기도 했다-옮긴이.

그럼 이번에는
어떤 일을
계획해볼까?
뭐 이런 생각?

마치
살아 있는
예카테리나가
눈앞에 있는
듯 생생한
흉상이었다.

표정은
'장난을 치고 싶어'
라고 말하는 듯하고

별관에 있는
소예르미타시
미술관에는
예카테리나가
쓴 유머 넘치는
10개 조항이
게시되어 있다.

1조
모자와 검을 내려놓고 모든 지위를
벗어던져라.

2조
신분을 드러내는 일과 방만함을
버릴지어다.

3조
아무것도 해치지 말고 부수지도
말고 그저 즐거워하라.

실제로
예카테리나는
장난기 넘치는
성격이었다고
한다.

그런 그녀를
모델로 한
재미있는
작품이 간간이
보였다.

이 문구만 보면
예카테리나가
아주 매력적인
사람 같아.

그리스 신화
코스프레

넵스키 대로에서
한 길 들어간
골목에 있는
작은 극장

예르미타시
미술관을
다녀온 후에는
발레를
감상하러 갔다.

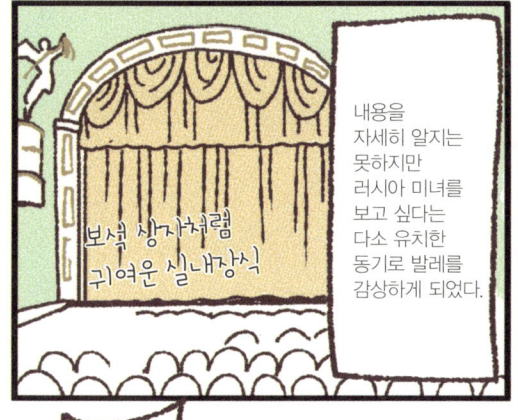

보석 상자처럼
귀여운 실내장식

내용을
자세히 알지는
못하지만
러시아 미녀를
보고 싶다는
다소 유치한
동기로 발레를
감상하게 되었다.

큰 마음먹고
산 S석 티켓
좌석이
하필이면
맨 앞자리!

허걱!

까아~
너무
아름다워!

드디어
공연이
시작
되었다.

악마 폰
로트바르트의
마법으로
백조로 변해버린
여주인공
오데트 공주와
지크프리트 왕자의
사랑 이야기다.

내가 감상한
발레 공연은 바로
차이콥스키가
작곡한 발레
〈백조의 호수〉.

앗, 오데트
공주다!
오르골 인형처럼
사랑스러워.

팔다리가
길어서
역동적인
연기를
보여주는
악마 폰
로트바르트의
딸,
흑조 오딜.

꺄!
꺄!

오데트와 오딜이
같은 배우라고?
전혀 그렇게
안 보여

꺄! 이번엔
작은 악마가
나타났네!
악녀이긴 한데
정말 사랑스러워!

와-
와-

눈이
반짝 반짝

악마를
쓰러뜨리고
마법이
풀리자
오데트는
인간으로
돌아온다.

6월의 러시아는
해가 길다.
백야는 아닌데
낮도 아니고
밤도 아닌 것이
마치 빛과 어둠이
공존하는 것처럼
묘하게 밝았다.

꿈꾸는 듯한
기분으로
밖에 나오니
밤 9시인데
아직도
어슴푸레하게
밝다.

오데트와 오딜의 모습이
눈에 어른거려···

햐, 점원이
싹싹하고
귀엽네.

저녁은
가까운
레스토랑
에서.

사워크림을
물만두에
곁들여 먹는다

과일샐러드,
러시아 과일은
신선하고 깊은
맛이 나서 좋다

솔얀카(солянка),
자색 무를 넣은 수프

바레니크(варе́ник),
돼지 고기를 넣은 물만두

사워크림의
새콤한 맛이
물만두 속에
들어 있는
고기의 감칠맛을
북돋아주는 것
같아!
의외로 궁합이
잘 맞네!

우와~
맛있다!

흡!

물만두에
사워크림을?
아무리 봐도
안 어울리는
궁합인데.

스시를 보니
먹고 싶긴 한데
괜찮을까?
혹시 이상한
스시가 나오는 건
아닐까?

러시아에서
스시라니!

일단 맛을
시험해
봐야겠어.

GLAS BAR

I ♥
SUSH!

ЗДЕСЬ

우와,
스시다!

점심은 또
뭘 먹지…

헛!

다음날
점심 메뉴도
의외의
궁합이었다.

32

음식점 내부는 스시와는 거리가 먼 분위기였다.

반짝 반짝

와~

Baw

HOT SUSHI

핫 스시? 스시가 따뜻하다는 거야 뭐야?

어디 보자. 메뉴는 뭐가 있지?

상상했던 것과는 달리 메뉴가 다양했다.

TUNA SPICY TUNA

스파이시 튜너라면 매운 참치라는 말인가? 참치를 뭘로 맵게 만들었다는 거야?

나중에 웃음의 소재로 활용할 수도 있을 거야

그래, 궁금한 건 전부 먹어봐야지.

흠!

1. 먼저, 젓가락 하나를 잡는다.

2. 두 번째 젓가락을 마저 잡고 연필처럼 쥔다.

3. 첫 번째 젓가락을 꽉쥐고, 두 번째 젓가락을 아래위로 오르내리면 당신이 원하는 그 어떤 것이든 집을 수 있다.

옆에는 나무젓가락이 있고, 종이 포장에는 친절하게 영어로 '젓가락 잡는 방법'이 적혀 있다.

주문이 많은데 메모도 안 하네. 주문받은 걸 다 기억한단 말이야?

핫 스시, 참치, 스파이시 참치, 연어, 유부초밥을 주문했다.

메뉴판

짜잔

요리가 뭔가 세련된 느낌이야!

아, 왔다!

두근 두근

쟤! 러시아 스시. 맛 좀 볼까?

유부초밥에 레몬을 얹었네. 모양도 참신하고.

노르웨이
핀란드
에스토니아
스웨덴

오물
오물

이래서 러시아
스시를
먹어보라고
권하나 보다.
(북유럽에서도
생선 요리가
맛있었지.)

일본에서도
노르웨이산
생선을 자주
먹어봤는데,
북유럽이나
러시아
생선이라면
더 신선하고
별미겠지?

세상에!
맛있어!

오물
오물

유부초밥 솜씨가
예술이야.
달콤하게 졸여진
유부피에
초밥에도 맛이 잘
배어 있네.

헉!

미지근한데

핫 스시는
따뜻한
네기토로**를
달콤 짭짤한
소스와
참깨로
버무린 것을
말한다.

일본 유부초밥이랑
다르긴 해도
이것도 나름대로
맛있네

초밥 위에
새우와
마요네즈를
버무린
마카로니,
이크라*를
올려놓은
유부초밥.

* 이크라(ikra) : 연어나 송어의 알을 소금물에
절인 음식-옮긴이.
** 네키토로(葱とろ) : 다진 참치 살 위에 파를 얹은 것-옮긴이.

'와사비=맵다(spicy)'라는
표현이 틀렸다고 할 수는 없지만,
와사비 특유의 향과 톡 쏘는 맛은
매운맛과는 확실히 다르다

일본 요리를
외국에서 먹다니…
'내가 정말 외국에
와 있구나'라는
실감이 들었다.

오물
오물

밥값은 합계
450루블*이 나왔다.
평소보다 약간
비싼 점심 식사를
한 셈이다.

'스파이시 참치'
에서 말하는
스파이시는
먹어보니
다름 아닌
'와사비
(고추냉이)'
였다.

* 루블(рубль) : 러시아의 화폐 단위. 450루블은 우리 돈으로 약 8천 원에 해당한다.

플라시보
플라시보

'감사합니다'라는 뜻의
스파시바(спасибо)를
'플라시보'라는 말로
착각하고 내뱉었던 에피소드

헉!

러시아 항공사인
아에로플로트(Aeroflot)의 스튜어디스,
혹시 나쁜 말을 한다고 오해했는지
째려본다 ㅠㅠ

2장 무서울까? 재미있을까? 러시아의 수도 모스크바

2장 무서울까? 재미있을까? 러시아의 수도 모스크바

사실은 해질 무렵에 도착할 예정 이었는데 어떡하지?

칼칼~

왜냐하면 내가 탑승할 전철의 출발 시간이 변경되었다는데 시간을 따져보니 모스크바에 도착하면 한밤중이 된다.

티켓

하지만 너무 불안해서 그냥 울고 싶은 마음뿐.

상트페테르부르크 역 구내

САНТ ПЕТЕРБУРГ

시베리아 횡단 철도역이 있는 모스크바로 가기 위해, 상트페테르부르크를 떠나는 날.

그런 불안한 마음을 달래준 것은…

와아

끙~

밤 12시가 지난 시각에 낯선 역에 내려서 지하철을 타고 호텔을 찾아가야 한다니 너무 무서워.

아, 뭐가 이리 복잡해

도대체 어느 방향 전철을 타야 하는 거야?

모스크바 역이 어디에 있다는 거야? 아, 모르겠어.

키릴 문자를 공부하긴 했는데 도통 읽을 수가 없네

комсомольская

китай город

проспект М

Охо

Чкаловская

흐익!

역이 너무 많아서 도대체 뭐가 뭔지 모르겠어.

찌릿

그런데…

흘긋

지나가는 사람에게 물어볼까.

건너편에 앉아 있는 아주머니, 조금 무서워 보여.

무슨 말을 하는 거지?

아주머니가 가까이 앉아 있던 아저씨에게 뭐라고 소리쳤다.

네트 нет (모르겠는데요)

모스크바에 살면서 모른다고?

멍…

그래도 용기를 내서 물어 보기로 했다.

(러시아 말로) 미안합니다만 파르띠잔 역이 어디인가요?

↖ 호텔에서 가장 가까운 역이 이곳이다

40

혼자가 되니 불안해 죽겠어!

모스크바 역 플랫폼

아니, 왜 이렇게 어둡지?

움찔

짜라라라~ 짱~

전철이 움직이는 소리

헉, 군가 아냐?

뭐지?

헐, 아저씨가 보드카를 껴안고 잠이 들었네.

저기가 지하철인가?

역 앞에는 젊은이들이 모여 있어 무서웠다.

어휴, 이젠 살았다!!

도둑을 본 후에 무서운 생각이 머릿속을 떠나지 않은 채로 겨우 호텔에 도착했다.

도, 도, 도둑이야~!

한 명이 아니고 여러 명이…

저건?

슥-

뒤적뒤적

42

지하철역

M

지하철을
타고 가면
안 될까요?

오늘 일은 마쳤으니까 시베리아
횡단 열차가 출발하는 역이 어딘지
가르쳐줄게. 모스크바 역이 아니라
야로슬라블 역에서 출발해.

그 역에 들렀다가
괜찮은 레스토랑이 있는데,
거기서 식사를 하자!

정말이에요?
고마워요.

처음에는
'사기꾼 아닐까?'
하는 생각이 들어
무서웠지만,
수단 의사
아저씨는
처음 보는 나에게
친절하게도
여러 가지
정보를
알려주었다.

그래, 지하철
구경도 한번 해
봐야겠지?

구 소련시대에
사회주의
계몽 활동의
일환으로
예술 활동을
촉진했기 때문일까.

군사 시설이 있어서
사진 촬영은 금지

콤소몰스카야 역
Комсомольская

러시아 지하철역은
'지하 궁전'이라는
별칭이 있을 정도로
멋지기로 유명하다.

쿠르스카야 역
Курская

역마다
디자인이
달라서
지하철을
타고 있기만
해도 예술품
감상하느라
눈이 즐겁다.

마야콥스카야 역
Маяковская

창을 열고 바람을 쐬고 있는데, 좀 시끄럽다.

웅~

전철 내부의 복고적인 분위기도 은근 멋지다.

햐~ 〈은하철도의 밤〉* 같애!

팟

아, 불이다.

찌직

저, 정전이다!

* 은하철도의 밤 : 소설 《은하철도의 밤》을 원전으로 만들어진 애니메이션-옮긴이.

이후에도 역에 도착할 때마다 정전이 되었다.

흘끗

아니, 정전인데 왜 다들 아무런 반응이 없지? 평소에도 자주 이런가?

줄을 서서 먹고 싶은 요리를 골라서 먹는 학생식당 스타일이었다.

MY MY

의사 아저씨가 시베리아 열차를 타는 야로슬라블 역이 어디인지 확실하게 가르쳐주었다. 그런 다음 우리는 그가 추천하는 러시아 요리 레스토랑으로 갔다.

괜찮으니까 가지고 가라고요!

어머, 왜 화를 내고 그래?

No, thank you.

계산할 때 계산원 언니가 종이 냅킨을 내주었다.

왜 이렇게 많이 주는 거지?

이렇게 많이 주면 어쩌라고

그녀 나름대로 서비스 차원에서 줬는데 기분이 상한 걸까?

요구르트 음료

과일 음료인 콩폿(Kompot)

토마토

Acti me!

마로제니예 (мороженое), 러시아식 빙수

피로시키, 빵 껍질에 고기와 야채를 넣은 빵

사모사(Samosa), 중앙아시아에서 유래한 튀김만두

보르시(борщ), 비트(beet) 뿌리를 넣고 끓여 붉은색을 띠는 수프

차분~

비트와 고기가 들어간 진한 맛이 나는 수프에, 스메타나의 새콤함이 어우러져 산뜻한 맛이 난다.

여기에 다양한 종류의 사워크림인 스메타나(Smetana)를 끼얹어 먹는다

러시아 가정요리의 대표 메뉴 보르시

가장 맛있는 것은 딸기류가 들어간 러시아식 빙수 마로제나예.

러시아의 베리는 진하고 깊은 맛이 있다

큰 몸집을 구부정하게 구부린 채 보르시를 열심히 먹고 있는 러시아 청년

대표 메뉴라 그런지 보르시를 먹는 사람이 눈에 많이 띈다.

마로제나예.

라고 대답 했더니 러시아인들이 모두 웃었다.

언젠가 "알고 있는 러시아어가 뭐냐?"라는 질문을 받았는데 1초의 망설임도 없이

입속에서 살살 녹는 그 맛이라니!

소프트크림과 빙수의 중간쯤 되는 뭐라고 형용하기 어려운 불가사의한 식감

즐거운 여행이 되길!

수단인 의사는 적당히 먹는 듯하더니 일이 있다며 가버렸다.

말린 과일을 넣어 천연의 단맛을 느낄 수 있는 주스, 콤폿

사워크림을 얹은 튀김만두, 사모사

배가 부르긴 하지만 전부 먹어버릴 거야!

고마워요~

좋은 사람이야.

오물 오물

이곳이 구소련 시절에 군사 퍼레이드가 열렸던 '붉은 광장'

식사 후 여유 시간이 있어서 수단인 친구가 추천해준 '붉은 광장'으로 향했다.

← 2000년 대통령이었던 푸틴에 의한 행사였다고 한다

성당 내부는 좁고 어슴푸레 하네.

러시아 정교의 교회 성 바실리 대성당 (St. Basil's Cathedral)

사실 그 케이크 장식은 너무 화려해!!

가게에서 봤던 케이크랑 모양이 같네.

엇?

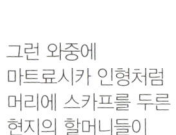조~용

엄숙한
분위기와
좁은 공간에
울려 퍼지는
찬미가에
압도되었다.

호화찬란한
이코노스타시스*

우와!

그런 와중에
마트료시카 인형처럼
머리에 스카프를 두른
현지의 할머니들이

* 이코노스타시스(iconostasis): 성당 전체 건물과 제단을 분리시키기 위해 성화(聖畵)를 거는 성상 칸막이.

열심히
기도를
드리는
모습이
보였다.

혁, 저건
뭐지?

성당을
본 후
밖을 걸어
다니고
있을 때

바실리
대성당,
건물이 정말
아름답네.

여기는
관광지가
아니라
기도하는
장소인 듯.

어라!

50

웨, 웨딩 드레스야?

햐! 붉은 광장에서 드레스를 입은 신부를 보다니 운이 좋아!

그러고 보니 가이드북에 '결혼식 후에 붉은 광장을 방문하는 것이 유행이다'라고 적혀 있었지.

혹시 KGB?

모델인가?

섹시한 정장차림의 미녀

처, 천사같아…

광장을 걸어가는 모스크바 여자들은 다른 사람들의 시선을 즐기고 있었다.

순백의 드레스를 입고 씩씩하게 걸어가는 금발 미녀

붉은 광장에서 과외 ← 수업을 받는 아이들

행복 하세요!

미남 미녀 커플

댕-댕 댕-댕

웬 교회 종소리?

시베리아 횡단 열차의 종착역이자 출발역인 야로슬라블 역.

앗! 시간이 벌써 많이 지났네. 슬슬 시베리아 철도역으로 가볼까.

6시

안내해 드리겠습니다.

실례합니다. 시베리아 철도는 어느 쪽이에요?

철도 직원이 알려주는 길을 따라 어두컴컴한 복도를 지나갔다.

복고적인 외관을 봐서는 상상하기 힘든 초근대적인 인테리어.

와, 공항 같아!

오렌지색 백열등 아래 제복을 입은 차장이 각 차량 앞에 줄지어 서 있었다.

플랫폼에는 이미 시베리아 기차가 대기 중이었다.

아, 환상적이야!

이때가 일본을 떠난 지 한 달 이상 지난 시점이어서 정말 오랜만에 한자를 본 셈이었다.

莫斯科 ~ 北京
모스크바 ~ 베이징

열차에 일본어랑 중국어가 보이네!

어?

러시아 모스크바에서 중국 베이징까지 7박 8일. 약 9천 킬로미터의 시베리아 철도 여행이 드디어 시작되는구나!

이 노선이 중국까지 이어져 있단 말이지.

3장 시베리아 횡단 열차:
용기 있는 어머니와 천사들

3장 시베리아 횡단 열차 : 용기 있는 어머니와 천사들

펴, 평양행?

~平壤
~ 평양

莫斯科~滿州里
모스크바 ~ 만저우리

차량에 행선지가 적혀 있는 것을 보니 아무래도 차량마다 행선지가 다른 모양이다.

내가 탈 1호차가 제일 앞쪽에 있어서 플랫폼의 끝까지 걸어야 했다.

드디어 시베리아 열차에 올라탔다.

왜 이렇게 먼 거야, 아휴 힘들어!

와! 남자 차장이다.

도브리 베체르
Добрый вечер
(안녕하세요!)

플랫폼에도 모두 여자 차장들이 서 있는 걸 보고 남자 차장은 거의 없을 거라고 생각했다.

시베리아 철도 여행 블로그에는 '여자 차장이 많다'라고 했는데.

이런 이미지겠지, 라고 상상했다

1호차에 도착하니 차장님이 반겨주었다.

루스키 네쁘
русский
Нет
(러시아어
못해요)

이런!

얼굴 표정에
노골적으로
짜증을
드러내는
구만.

바시 아제크
ваш отсек
(당신 좌석…)

아이 참,
뭐라는
거지?

러시아어로
적혀 있는
티켓을 읽을 수
없어서
차장에게
방 번호를
물었다.

티켓

이즈비니쩨
Извините
(실례합니다)

열차
내부는
어떤 식으로
되어
있을까?

생각보다
좁네.

방을 확인
해보면
알겠지, 뭐.

정말
고맙습니다.

당신 좌석…
NO.6

내 이름이
적혀 있고,
6은 방 번호란
말인가?

ода хироки
No.6

왜 이 많은
사람들이
여기에
있는 거야?

아,
6호실이다.

6

?

내가
인기척을
하자
그들은
모두
내려
버렸다.

왁자
지껄

뭐지?

음,
6호실이라고
했지?

4

와~ 러시아 미녀랑
여운 아이들이구나.

여객실에
들어서니
30대로 보이는
여자와 그녀의
딸로 짐작되는
여자아이
둘이 있었다.

이 방이
맞을까?

휴우,
다행이다

지금부터
며칠 동안 같은
방에서 지내게 될
사람들이
어떤 이들일까
싶어 불안했는데

야폰스키(ЯПОНСКИЙ)?

혹시 외국인이
들어와서
놀랐나?

엄마랑
딸들이라
안심이야.

앗,
알아듣네.

응,
맞아.

I'm Japanese.
아참, 영어는
모를 테니까.
야폰스키(일본인).

드디어
열차가
출발할
시간이
되었다.
러시아인
엄마가
창을
열었다.

덜커덕

의자를 열어 보니
짐 넣을 공간이
나왔다

러시아인
가족은
시베리아
횡단 열차에
익숙한
듯 솜씨
좋게 짐을
정리했다.

뭘 하고
있는 거지?

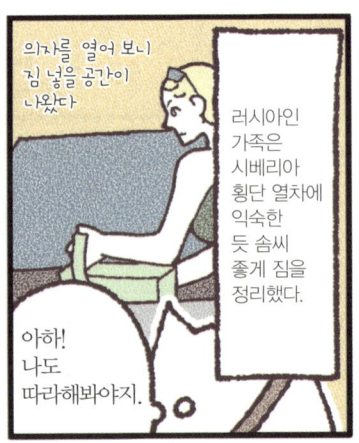

아하!
나도
따라해봐야지.

그녀는 배웅 나온 사람들에게 손을 흔들고 있었다.

러시아인 가족 일행이 시베리아 횡단 열차를 타고 갈 정도면 아주 멀리 가는 모양이다.

가족이 배웅 나온 걸까?

좀 전에 이 방에 모여 있던 사람들이네.

밤이 깊어지자 자동적으로 불이 꺼졌다

그들의 모습이 사라지자 그제야 창을 닫았다. 그리고 옷을 갈아입고 잠자리에 들었다.

어머니와 딸들은 배웅 나온 가족이 보이지 않을 때까지 손을 흔들었다.

웅~ 웅~

전철이 움직이기 시작했다.

치익~

두근두근
...

살짝 흥분된 탓인지
잠이 오지 않아
창밖으로 달리는
불빛을 보고 있었다.

아, 내가 지금
시베리아 철도를
타고 있다니,
현실 같지 않아!

앗, 벌써
일어나
아침을
먹고 있네.

작은 칼 하나로
샌드위치를
척척 만들고 있는
대단한 엄마

아 참,
시베리아
횡단 열차를
타고 있었지.

잠에 취해
멍~함

헉, 여기가
어디지?

우리 객실은 4인용인데.

꼬마 여자아이는 어려서

엄마와 함께 침대를 사용하고 있다.

입구에 달려 있는 사다리로 올라간다

독서등

상단의 침대, 수납 가능

가끔 작은 마을이 보인다

창은 반만 열린다

베개 커버와 시트 2장, 모포 2장씩이 놓여 있다

테이블, 쓰레기봉투가 달려 있다

여기를 열면 짐을 넣을 수 있는 서랍이 있다

복도는 사람들이 겨우 비껴갈 정도로 좁다.

심심한데 밖에 나가봐야겠다

차장은 러시아 엄마와 이야기를 나누고 있다. 무슨 내용인지 알아들을 수는 없지만

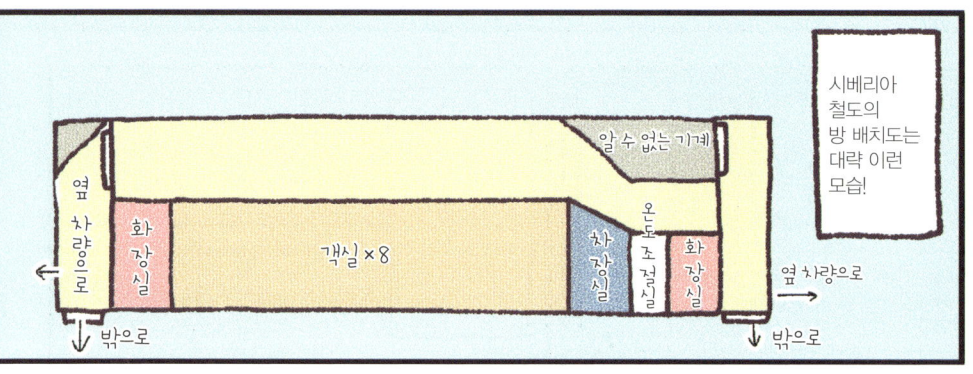

시베리아 철도의 방 배치도는 대략 이런 모습!

알 수 없는 기계

옆 차량으로 ←

화장실

객실 ×8

차장실

온도 조절실

화장실

↓ 밖으로

→ 옆 차량으로

↓ 밖으로

시원~

말하자면 이런 모양새랄까!

화장실은 각 차량의 앞뒤 쪽에 붙어 있다.

꼬르륵

열쇠가 잠겨 있네!

찰깍 찰깍

그래서 역에 정차하기 전후 30분은 화장실 사용을 금지했군.

서, 선로가 보인다!

이게 무슨 소리지?

간혹 차장이 잊어버려서 열쇠가 걸려 있을 때도 있다

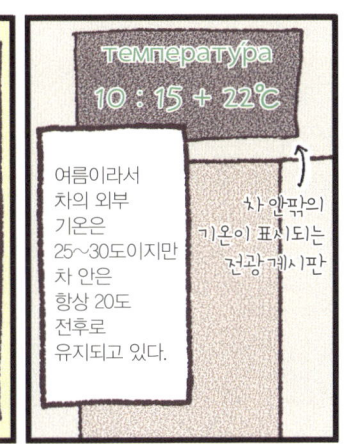

언니 10살　여동생 3살

헤헤

나스챠(Настя), 마고(Марго), 엄마인 카튜샤(Катюша)

카튜샤? 어디서 많이 들어본 느낌이라서 기억하기 쉽겠다.

민야 자부뜨 히로 Меня зовут Хиро (내 이름은 히로입니다)

카크 자부뜨 Как зовут (이름이 뭐예요?)

아, 내 소개를 안 했구나.

본명인 '히로코'는 외국인이 기억하기 어려운 이름이라 '히로'라고 소개했다

......

팔랑 팔랑

사전을 뒤지는 거야?

오호~ 그렇구나

Can you speak English?

I study English at school.

Nice to meet you.

언니 나스챠는 사교적이다.

끽-

끽-

5,200 km!

이르쿠츠크

모스크바

모녀끼리 모스크바에 있는 친정을 방문했다가 이르쿠츠크(Irkutsk)에 있는 집으로 돌아가는 중이라고 한다.

이렇게 멀리까지 갔다가 오는 길이라고?

카튜샤 뒤로 숨어버리는 마고

여동생 마고는 낯가림을 한다.

머무는 시간이 짧아서 역 바깥으로는 나갈 수 없지만 플랫폼으로 내려가볼 수는 있다.

정차중에 도난을 피하려면 귀중품은 가지고 내리는 것이 기본

내려가 볼까!

주요 역은 3~4시간 정도의 간격으로 있는데, 그곳에서 5분에서 30분 정도 정차한다.

아, 역이다!

재빠른 동작으로 내리니 다른 승객들도 내려와 플랫폼에 서 있었다.

와, 시장이다.

현지인 아주머니들이 시장을 열어놓았다.

이런 게 바로 여행 다니는 재미라니까!

좀 전에 들여다봤던 옆 차량이 평양행이구나!

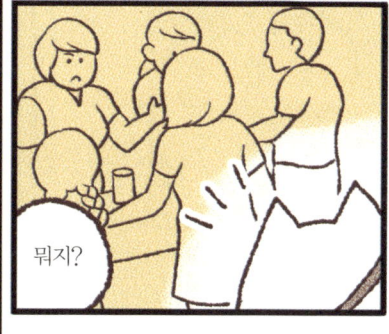

뭐지?

삶은 달걀 →

칠면조 통구이 →

피로시키(튀김 만두) →

포슬포슬하게 삶은 감자

와플 →

술안주로 딱 좋은 훈제 소시지

햄버거

주스, 즉석식품에서부터 수제 식품까지 종류가 다양하고 양도 푸짐해서 마음에 들었다.

Da!
100%

Monoko
Monoko

← 봉지 우유

오렌지주스, 우유, 피로시키를 사고 120루블.

긴 여행에 심심했던 아이들이 갖고 싶어 하는 걸까?

아, 팔리네!

마치에 산더미처럼 쌓아놓은 인형

여기서 저게 팔릴까?

그런데 좀 특이한 곳이 있었다. 바로 봉제 인형을 팔고 있는 가게.

헉, 필요 없습니다.

사란 말이야!

아, 힘들어!

악착같이 매달리는 그녀를 뿌리치고 내 방으로 돌아왔다.

쓰, 쓰레기봉투 같은 곳에 아이스크림을 넣어둔 거야?

꺼냈다.

아주머니가 아이스크림을

게다가, 녹은 아이스크림을 들이밀더니

사!

이봐, 잠깐!

어, 나를 부른 건가?

열차로 돌아가려는데 조금 난처한 상황이 벌어졌다. 가게 아주머니가 큰 소리로 말을 걸어왔는데

← 마고의
낮잠 준비를
하는 카튜샤

점심이 끝나자
마고가 졸려서
그런지
칭얼거리기
시작했다.

좀 전에 산
피로시키는
크림 스튜에
부추를 넣은
것이다.

맛이 부드러워

쿨~

아주 편안하게
잠든 모습

카튜샤는
약간
살이 찐
미인이다.

before

어디선가 들은
이야기인데
러시아 여성은
젊은 시절에는
굉장히 미인인데
나이가 들면
살이 찌는
경우가 많단다.

표정과 화장이
약간은 강하게
변하려나?

after

영어로
누군가
말을
걸어
온다.

나스차도
어디
나갔는지
보이지
않았다.
혼자 심심해서
열차 복도에서
바깥 풍경을
보고 있었다.

이런 곳에도
사람이 사는구나

ZZ
Z

푸우~

이런
모습이야말로
러시아의
어머니가
아닐까?

Do you like Trans
siberian-train?

68

기분이
엄청 좋은가 봐!

시베리아 횡단 열차를 타는 것이
내 꿈이었어. 꿈이 이루어진 거지.

축하, 축하!
너는 지금 시베리아 횡단 열차를
타고 있는 거야.

알고 있거든?
그런데?

시베리아 횡단
열차로 베이징까지
가서, 상하이에서
만국박람회를 보고
현지에서 중국어
레슨도 받을
거라고 한다.

중국어를
공부하고 있어

캐나다에서
왔다는 노르만
씨는 여름휴가를
이용해서 러시아,
중국을 여행하고
있다고 했다.

이 열차 침대가 편해서
잠도 잘 오고 좋지 않아?
정말 마음에 들어.

관광객들이
타는 전철인
줄 알았는데
현지인들이
많아서 놀랐다.

다른 객실의
승객은 거의
러시아인,
혹은 주변
나라의
사람들이고
관광객은 나와
노르만 씨,
그리고 독일인
아저씨뿐이다.

카튜샤 가족

4호실 러시아인 가족　젊은 여성

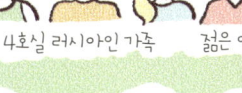

업무상 출장으로
온 듯한 중국인

군복무를 마치고
돌아오는 젊은이들

  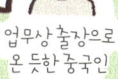

러시아 아저씨　아제르바이잔*
아저씨　독일 할아버지

좋은 사람 같아

엄청 신나
보이네.

* 아제르바이잔(Azerbaijan) : 서남아시아 캅카스 산맥
남부, 카스피 해 서쪽 연안에 있는 공화국-옮긴이.

오랜 시간 동안 여행을 함께하느라 다른 방 사람들과 왕래하면서 이야기를 나누다보니 차량 전체가 집처럼 편안한 분위기가 되었다.

라보따
Работа
(직업?)

나스챠에게 러시아어/영어 사전을 빌렸다

어디 보자 내가 묻고 싶은 말은.

키따이스키
Китайский
(중국인?)

러시아 말을 모르는 내게도 말을 걸어 주었다.

아니, 일본인 입니다.

그러니까…

파파
папа
(아빠!)

아르미야
армия
(군인)

ARMY!
군대!

사전을 찾고 손짓도 섞어가면서 대화를 나누는 것이 재미있었다.

그리고 보니 몸집이 단단해 보이는군요.

불끈!

그러자 체격 좋은 남자도 사전을 뒤지기 시작했다.

햐, 귀여워!
군인 아저씨
딸인가?

마마
мама
(엄마!)

아하,
이 사람이
엄마야?

쏙 빼닮았네

울란우데는
카튜샤네
가족이
살고 있는
이르쿠츠크
보다 조금
더 멀리
있다.

이 군인
가족은
울란우데
(Ulan-Udé)로
돌아가는
길이다.

나스챠와
나이스챠
발음이
비슷해서
구별을
못하겠어.

나이스챠?

이쪽은 나이스챠
(НАСТЯ).

꼬마가 낯을
많이 가리네

←러시아에서는 성인 남자에게 1년간의 병역을 부과한다

고스 씨와 니키타 군은
병역을 마치고
고향으로
가는 중이라고 했다
↓

군대의 첩보부원
줄리아 씨는 휴가로
아이들을 만나러
가는 길이고

다른
사람들에게도
직업을
물어보니
군대와
관련된
직업이
많았다.

여자아이
셋은
친구가
생겨서
신나는
모양이다.

여기선 나옹(Мяут).

원래 이름은 냐스 (Meowth)

이건 일본 이름이랑 다르네.

그러면 이건 뭘까?

라프라스 (Lapras, 바다 위를 횡단하는 포켓몬)다!

아, 통했다. 게다가 일본에서 부르는 이름이랑 똑같네.

말라코 молоко (우유)

맛있게 먹었던 음식과 궁금한 것들을 비롯해서 여러 가지를 물어보았다.

이건 뭐라고 읽어?

мороженое

이렇게 쓴다고?

아이스크림 이라는 말은 어떻게 쓰지?

아이들에게 러시아어를 배웠다.

영어가 통하지 않을 때는 제스처로

사라판을 가지고 있니?

아뇨.

히로!

민족의상을 입는 습관은 없는가 봐.

이 옷은 뭐야?

우유 포장지를 보니 민족의상을 입은 여자아이 일러스트가 그려져 있다.

사라판 сарафан (러시아 여성의 민족의상)

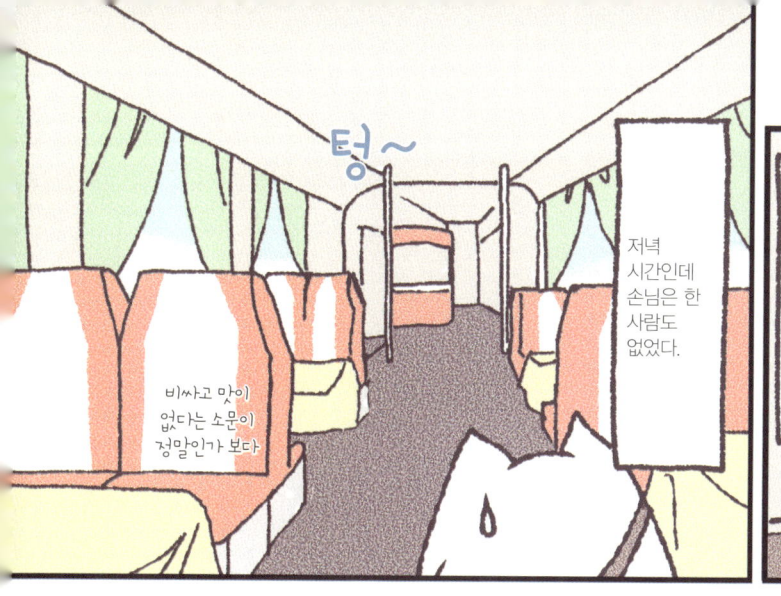

텅~

저녁 시간인데 손님은 한 사람도 없었다.

비싸고 맛이 없다는 소문이 정말인가 보다

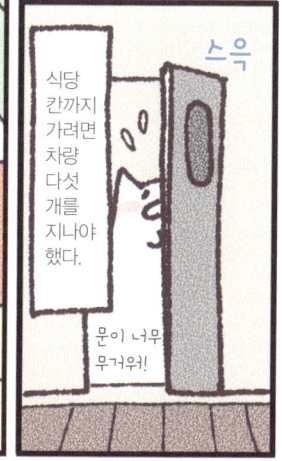

스윽

식당 칸까지 가려면 차량 다섯 개를 지나야 했다.

문이 너무 무거워!

러시아 인기 맥주 발티카(Baltika)

치킨 완두콩 조림

연어와 사과를 넣은 마요네즈 샐러드

БАЛТ

БАЛТИ

메뉴판도 웨이트리스도 러시아어 외에는 통하지 않았지만, 떠듬거리는 영어로 겨우 주문할 수 있었다.

무슨 노래인지 계속 흥얼거리는 웨이트리스

어느덧 시베리아 횡단 열차에서 지낸 하루가 저물어갔다.

우리는 각자 어눌한 러시아어로 열심히 대화를 나누었다

어라, 생각했던 것보다 맛있네!

한 접시에 1천 엔이면 비싼 편이기는 하지만

감자랑 사과로 만든 샐러드라니 독특한데.

시베리아 횡단 철도 여행을 위하여~ 건배!

노르만 씨가 가르쳐 준 중국어로 '건배'를 외쳤다.

4장 시베리아 횡단 열차:
여객실에서의 생활

4장 시베리아 횡단 열차 : 여객실에서의 생활

오늘은 어떤 구경거리가 있을까?

칙−

칙−

시베리아 횡단 열차에 오른 지 3일째

카튜샤네 가족은 아직 한밤중.

서둘러 아침 준비를 시작하는 카튜샤.

아, 일어났다.

과자

사과

차이

삶은 달걀

눈 깜짝할 사이에 테이블 위에 음식이 가득하다.

후훗

무뚝뚝하던 카튜샤가 노래를 부르다니 기분이 좋은 모양이다.

~♪

Маргарита~♪
(마르가리타~♪)

카튜샤가 노래를 흥얼거리며 마고에게 밥을 먹이고 있다.

본명이 '마르가리타'이고 마고는 애칭인 것 같다

아하, 차장이 청소기를 돌리는 소리구나.

위~잉

위~잉

?

뭐지?

위~잉

섞으니 걸쭉하고 먹음직스러운 퓌레가 완성!

와우, 퓌레가 만들어졌어!

뜨거운 물을 붓고

아침 식사로 어제 역에서 산 인스턴트 퓌레를 먹었다.

어제 마고가 먹는 것을 보고 계속 군침이 돌았는데 드디어 퓌레를 산 것이다.

그래, 내일 이르쿠츠크에서 카튜샤네 식구들이랑 헤어져야 하니까 그림을 선물로 주는 게 좋겠어.

다 먹고 나니 한가해졌다.

그림이라도 그려 볼까?

일본에도 인스턴트 퓌레가 있었으면 정말 좋겠다!

입에서 살살 녹는 부드러운 이 맛!

나스챠, 이거 선물이야!

그림 완성!

사라판
(민족의상)을 입는 사람이 없다고 하는데, 사라판 입은 그림을 그려주면 좋아하겠지?

사라판

뭐, 특별한 건 없는 역이네.

역에 도착한 것 같으니 일단 내리자.

끽~

그곳에 훈제 생선이 있었다.

현지인 아주머니들이 열어 놓은 시장.

이게 뭐지? 유황인가?

그렇게 생각한 순간 갑자기 뭔가 강렬한 냄새가 느껴졌다.

우걱우걱

카튜샤가 그, 그걸 방에서 먹고 있어. 게다가 갯지렁이까지!

밖에서 먹으면 상관없겠지만 방에 가져와서 먹으면 냄새가 장난이 아닐 텐데.

아, 노르만 씨. 냄새가 대단해요.

여기서 바이칼 호가 가깝거든. 아마 거기서 잡은 민물고기를 훈제해서 파는 걸 거야.

너도 먹을래?

허걱. 그런데 이 상황에서 안 먹겠다고 하면 실례가 될 것 같은데.

몰라!

뭔지도 모르는 생선을 먹고 있단 말이야?

너무나 아무렇지도 않게 맛있다는 듯이

카튜샤 씨, 먹고 있는 그게 뭐예요?

오. 맥주와 함께 마시는구나. 좋아!

술안주로 잘 어울릴 것 같긴 하네

그렇지?

마, 마, 맛있네요.

말린 갈고등어 맛이네

우걱 우걱

끙!

쩌걸 벅걱

그리고 한 칸 건너편에 있는 나이스챠 가족이 있는 방으로 들어갔다.

앗!

그러더니 나를 다른 방으로 데려갔다.

어딜 가려는 거야?

술을 마시고 있던 카튜샤가 천천히 일어났다.

뭐하려는 거지?

모두 모여
회식을
하고
있었다.

보드카
25리터

언어가 통하지 않는데도 술로 의기투합한 사람들

나이스챠의
아버지와
노르만 씨는
이미 꽤
취해 있었다.

와,
재미있겠다.

아이들도
어른들
주위에서
재잘거리며
즐거워했다.

부모들 기분이 좋아 보이니
아이들도 덩달아
즐거운 걸까

평소에는
말이 없고
무표정한
러시아인도
술을 마시면
기분이
좋아지는
모양이다.

85

이별 파티구나!

…?

아니야.

내일은 3일 동안 함께 보낸 카튜샤 가족이 기차에서 내리는 날이다.

아하. 이게 바로…

떠들썩하고 즐거운 분위기였지만

카튜샤도 술을 마신 탓인지 말이 많아졌다.

그러고 보니 어제는 식당칸에 있었지

어제도 이렇게 모여 놀았어.

그게 아닌가?

나 혼자 괜히 감상에 빠진 거네.

그런데 갑자기 나이스차의 아버지가 사전을 열심히 뒤적이기 시작했다.

아이들을 빨리 만나고 싶어.

나이스차의 어머니, 아이들을 만나러 고향으로 돌아가는 줄리아 씨도 즐거워 보였다.

에~

БАЛТИКА

보드카, 보드…카나다!

헐~!

뭔가 하고 싶은 말이 있는 걸까?

водка…
(보드카…)

그러니까, 야포니야 Япония (일본,) 카나다 Канада (캐나다…)

same people
(같은 사람…)

아재 개그는 세계 어디에나 있나 봐!

아하하!

술로 이어진 친구?

하고 싶은 말은 알아듣지도 못하게 웅얼거리더니

아재개그를 한방 날려 주시는구나!

어느덧 카튜샤 가족과 보낸 마지막 밤은 깊어갔다.

5장 시베리아 횡단 열차 : 정들자 이별

아침에 일어나니 카튜샤가 떠날 준비를 하고 있었다.

와~ 평소보다 빨리 일어났구나.

번쩍

…응?

나스챠, 일찍 일어났네!

평상복이 아니라 멋진 옷차림에 화장까지 한 카튜샤가 아이들 머리를 땋고 있었다.

이르쿠츠크 시간으로는 11시예요! 모스크바와의 시차가 5시간이죠.

벌써 해가 높이 떴구나!

내 시계는 6시인데.

11시니까 이제 곧 이르쿠츠크에 도착할 거예요!

벌써 그렇게 되었나?

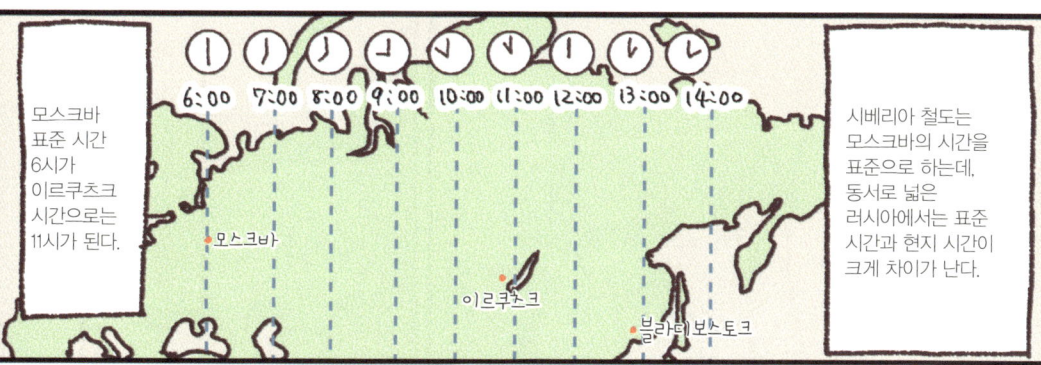

6:00 7:00 8:00 9:00 10:00 11:00 12:00 13:00 14:00

모스크바

이르쿠츠크

블라디보스토크

모스크바 표준 시간 6시가 이르쿠츠크 시간으로는 11시가 된다.

시베리아 철도는 모스크바의 시간을 표준으로 하는데, 동서로 넓은 러시아에서는 표준 시간과 현지 시간이 크게 차이가 난다.

고향 이르쿠츠크에 가까워지면서 카튜샤 가족은 모두 들뜨기 시작했다.

내가 타고 가는 시베리아 철도는 동쪽으로 달리는 전철이니까 하루에 한 시간 정도 시차가 생긴다.

내 시계도 고쳐 둬야겠어!

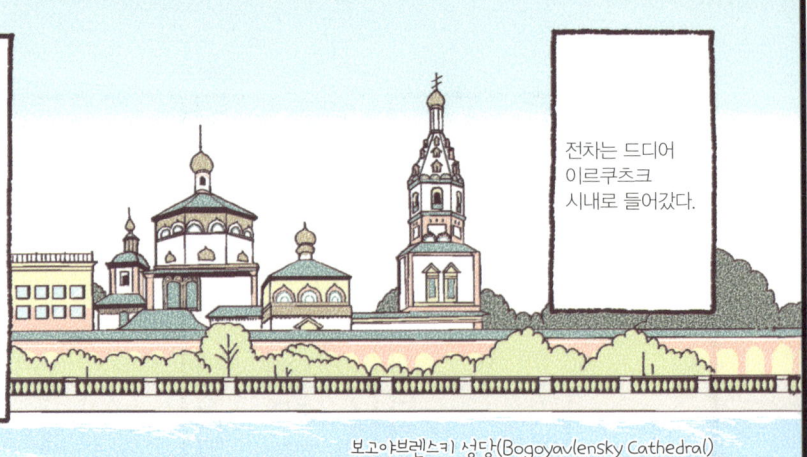

'러시아의 파리'라고도 불리는 이르쿠츠크. 지금까지 봐왔던 단순하고 소박한 도시들과는 달리, 유럽풍의 건축물과 현대적인 디자인의 건물이 많은 것이 인상적이다.

전차는 드디어 이르쿠츠크 시내로 들어갔다.

보고야브렌스키 성당(Bogoyavlensky Cathedral)

나에게는 이 낯선 이국땅이 카튜샤 가족에게는 정겨운 고향이구나.

모두 즐거워 하는 모습을 보자 나는 조금 쓸쓸 해졌다.

나스챠는 신이 나는 모양이다. 강과 다리 이름을 나에게 열심히 설명해 주었다.

따다다다!

그런데 갑자기 카튜샤가 누군가를 향해 달리기 시작했다.

이르쿠츠크 역

대도시라서 그런지 내리는 사람도 타는 사람도 많았다.

드디어 이르쿠츠크에 도착했다.

배웅하러 가야지!

혹시 남편?

그녀는
키가 크고
체격이
좋은 어떤
남자 앞에
섰다.

오랜만에 재회하면서
남편이 장미꽃다발을
안겨주다니~
아, 로맨틱해!♥

카튜샤가
다가가자
남자가
장미
꽃다발을
건넸다.
그는
카튜샤의
남편이었다.

러시아에서는 역이나 공항에 마중 나가면 꽃다발을 건네는 풍습이 있는 것 같았다

카튜샤 씨,
너무 귀여워요!
츤데레*
아줌마야.

후훗

꽃다발을
받자
카튜샤는
조금 대담한
미소를 지어
보였다.

* 츤데레(ツンデレ): 겉으로는 쌀쌀맞게 굴지만 속은 따뜻한 성격을 뜻하는 일본의 인터넷 유행어-옮긴이.

안녕하세요!

꾸벅

카튜샤는
나를
남편에게
소개하는 것
같았다.

카튜샤를
쏙 닮았다

남편 외에도
카튜샤의 언니와
어머니로 보이는
가족이 마중 나와
있었다.

그동안
고마웠어요.
잘 가세요!

인사가
끝나자
카튜샤 가족
모두 즐거운
표정으로
돌아갔다.

짐을 많이
가져왔네

다시
방으로
돌아오니
중국계
아저씨
두 사람이
있었다.

새로 온
손님인가?

꾸벅

오, 아저씨
미소가
멋진데?

Nice to meet you.
I am Japanese.

니하오!

그래,

한자를 쓰면 이해할 수 있을 거야.

어떡하지? 나는 중국어를 모르는데.

…응?

헐, 영어를 모르나 봐.

아이, 안 통하네.

이렇게 하면 통할까?

私 名前 博子
(내 이름 히로코)
名前
(이름?)

아하, 왕씨구나!

王

시, 시
是, 是
(네, 네)

앗, 통했나?

나는 '히로'예요.
①

② 당신 이름은요?

문자로는 안 통하니 제스처로 해야겠다!

②

①

싱글벙글

왕씨는 친구와 함께 무역업을 하고 있고, 가지고 온 많은 짐은 상품(신발)이라고 했다.

타 시 워 더 펑요우
他是我的朋友
(이쪽은 내 친구입니다)

펑요우? 친구라고?

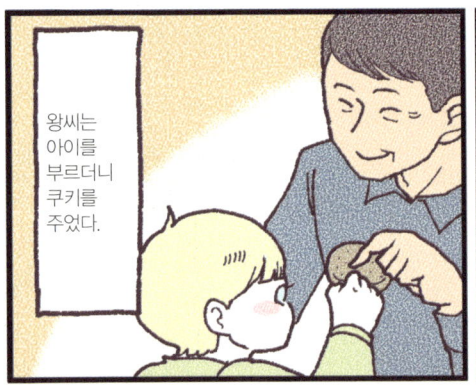

왕씨는 아이를 부르더니 쿠키를 주었다.

못 보던 아이네. 이르쿠츠크에서 탔나?

이것 좀 봐!

뭘?

…와~!

히로! 히로!

앗, 노르만 씨다.

훈훈한 분위기~

좋은 사람들 같아.

94

차창 가득
펼쳐진
아름다운
호수

우와~
아름다워!

햐, 끝내준다,
끝내줘!

바이칼 호수
근처에는
소박하고
작은
집들이
늘어서
있다.

바이칼 호수는 맑아서
물밑 40미터까지 보인다고 해.

아하, 이게 바로
바이칼 호수란 말이지!

기차는
호수
부근을
지나
갔다.

멍하니
경치를
바라보고
있다가
정신을
차려보니

아니, 벌써
3시간이나
흘렀잖아!

나이스챠 아빠는 이틀 연달아 술에 취해 축 늘어져 있고

나이스챠도
나스챠가
내리고 나자
풀이 죽어
축 늘어졌다.

조~용

이르쿠츠크
에서 대부분의
승객들이
내려서

열차 안은
상당히
조용했다.

그렇다면
…

6장 세상에서 가장 긴
철도에서 내리며

앗, 아빠,
엄마!

드디어
일본에 왔구나.
아, 이 풍경이
그리웠어.

그런데
여기가
어디지?

여행 갔다가
무사히
돌아왔는데
왜 화를 내는
거냐고요!

아,
꿈인가.

너는 정말
엉뚱한 짓만
하고 다녀서
내가 속상해
죽겠어!

속상해!

쿨~

쿨~

그런 생각이 들자 갑자기 눈물이 흘렀다.

갑자기 내가 왜 이러지?

쿨~

맞아, 난 시베리아 횡단 열차를 타고 있지.

참, 일본이 아니지.

카튜샤 가족을 만나고, 같은 방에서 함께 보내고, 그리고 헤어졌다.

매일 아주 즐거운 나날을 보내다보니 일본으로 돌아가고 싶다고 생각한 적은 없었다.

일본을 떠난 지 한 달째. 앞으로 반년 이상 더 여행을 계속할 생각이다.

냐~ 예쁘다

나도 일본으로 돌아가 가족과 함께 지내고 싶어.

엄마가 해주는 조림도 먹고 싶어.

그들과 헤어지자 외로움이 밀려와 눈물이 멈추지 않았다.

일본을 떠나 처음으로 앓는 향수병이었다.

우와, 양이다.

울다가 어느새 잠들었는지, 눈을 떠보니 창밖에는 지금까지 봤던 풍경과는 다른 초원이 펼쳐져 있었다.

어!

짜이찌엔
再見
(잘 가!)

그리고 그들의 목적지 역에서 내렸다.

왕씨 일행은 일찍 일어나 방을 깨끗하게 정리하고 있었다.

잘 잤어?

노르만 씨!

텅~

홀로~

여기는 러시아와 중국의 국경 역 자바이칼스키 같아.

세 시간 정도 정차하니까 내려서 산책이라도 해보자.

조금 불안하지만 일단 가보자!

일단 도전해보는 거야

모스크바나 상트페테르부르크와는 달리 상당히 시골 같은데.

조용~!

나이스챠 가족도 밤중에 하차해서, 이 차량에 남은 사람은 종점인 베이징까지 가는 노르만 씨와 나, 차장인 안드레이뿐이었다.

중국과의
국경에
위치한
인구 2만 명
정도의
작은 도시다.

자바이칼
지방의
자바이
칼스키

선로를 건너기
위해 육교로
올라가자
번화가가
보였고, 반대쪽
방향으로는
초원이 펼쳐져
있었다.

현지 아주머니들이
물건을 파는 시장도 없고,
왠지 쓸쓸한 느낌이 드는
역이네.

으아~

미끌

경치를
보면서
육교의
계단을
내려갔더니

저쪽으로는
몽골 수도
울란바토르가
있는 것 같아.

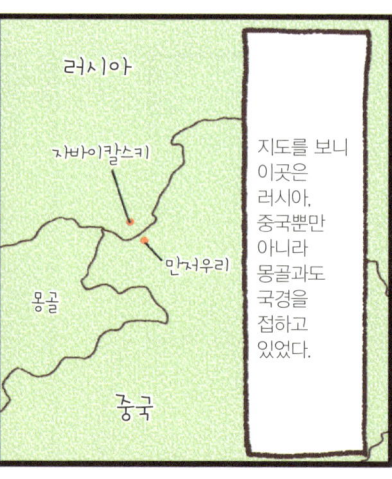

러시아

자바이칼스키

만저우리

몽골

중국

지도를 보니
이곳은
러시아,
중국뿐만
아니라
몽골과도
국경을
접하고
있었다.

마른 모래 먼지 때문에 건물 전체가 희부옇게 바래 보였다.

건설 도중에 공사가 중지된 채로 방치되어 있는 듯한 고층 아파트.

낡은 아파트 벽에 붙어 있는 군대 포스터만 유일하게 새것으로 반짝거리며 빛나고 있었다.

꽤나 황폐한 마을 같아.

하지만 말이 통하지 않아서 갑자기 머리를 확 밀어버리기라도 하면 어떡하지?

불안하긴 하지만 일단 시도해보는 거지 뭐.

며칠째 머리를 감지 않아서 기분이 찜찜한데 이발소에 가서 머리나 감을까?

이발소에 가자고?

도시 전체가 이런 모습이니 시간을 때울 만한 관광지는 없었다. 그러자 노르만 씨가

내가 탔던 시베리아 열차에는 샤워 시설이 없었다

저기 같은데.

nap

간판은
일본
이발소랑
같네.

어디지?

갈팡
길팡

게다가 '러시아 이발소'에
갈 기회는 평생 한 번밖에
없을지도 모르잖아.

정말 무섭지만
일단 도전해보는 거야.

안으로 들어가서
보니
일본의 이발소와
다르지 않았다.
손님은
남자들뿐이었고,
미용사는 모두
여자였다.

끼이익

히로, 말을
알아들었나 봐.

자르는 제스처를
하긴 했지만
잘못 이해했으면
어쩌지?

노르만
씨는
자신의
요구
사항을
제스처로
전달하고
있었다.

자르지 말고
머리만 감겨주세요!

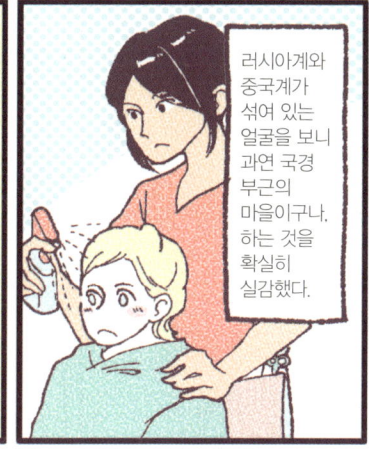

러시아계와
중국계가
섞여 있는
얼굴을 보니
과연 국경
부근의
마을이구나,
하는 것을
확실히
실감했다.

남자
아이가
말없이
의자에
앉자

뭘 꺼내려는
거지?

잠시 후
옆에
있던
남자
아이가
자신의
이름이
호출되자
자리에서
일어났다.

의자에
앉아서
순서를
기다렸다.

이
이발소에서
남자아이는
짧은 머리
외에는
선택할 수가
없는 걸까?

묻고
대답하고
할 것도
없이, 그냥
까까머리를
만들어
버리네.

그녀가
꺼낸
것은
바로
이발기!

바
바
바

까까머리로
만들면
어쩌지?

무너워

당신,
이리 와!

앗

어두운 방을 나오자

머리를 감으니 상쾌하긴 하네!

머리 감은 값 80루블.

대충 말리고 머리 감기 끝!

쓱쓱

머리가 바람에 나부끼는 느낌이 들긴 하네!

일주일 동안 샤워를 못했더니 엄청 찜찜했는데.

와~ 상쾌해! 기분 좋아!

카페 안이 꽤 시끌벅적하네.

히로, 여기 들어가자.

우리는 이발소로 가는 도중에 지나왔던 카페에 들렀다.

kaqoe

아직 기차가 출발하려면 시간이 남았으니까 카페에 가서 차 한잔할까?

그래, 좋아.

카페라기보다 식당 분위기가 느껴지는 가게에는 현지인으로 보이는 사람이 가득했다.

라라라~

메뉴 사진을 가리키며 주문

이것, 그리고 이것.

카운터에 앉아 있는 아저씨에게 주문했다.

못 읽겠어

조심~

흰 것은 요구르트 맛이 나는 연한 탄산음료 케피르 (Кефир) 같다.

맛있지만 발효시킨 음료는 배탈이 날지도 몰라.

자, 한번 시식해보세요.

식당에는 직접 만든 음식이 즐비했다.

실례합니다. 이게 뭐예요?

퀴스르

차이

러시안식 물만두 바레니크
(вареник)와
사워크림을 곁들여 먹는다

야채를 듬뿍 넣은 수프 솔얀카
(солянка)

분홍색
음료는
달고
약간
걸쭉한
느낌이
나는*
퀴스르

그러면
차이 한 잔,
퀴스르 한 잔.

* 퀴스르(qishr) : 건조된 커피콩을 향신료와 섞은 후 끓인 음료—옮긴이.

와, 솔얀카는 고기가
들어가서 그런지 감칠맛
나서 맛있어.

사워크림의 새큼한
맛이 상큼하네

잘 먹겠습니다.

플라스틱
접시에
담으면
제맛이
안 날 텐데.

아닙다

갑자기 누군가 영어로 말을 걸어왔다.

Excuse me.

러시아 음식
맛있네, 그치?

맞아, 맛있어.

오랜만에
먹어보는
채소로 만든
따뜻한 요리.

시베리아
철도에서는
컵라면만
먹었는데

궁색해

당신, 할리우드 배우랑 닮았다는 말 많이 듣죠?

잘생겼다

정말 닮았어

말을 걸어온 사람은 여자 셋.

헤헤, 그런가?

적극적으로 말을 걸어온 그들은 러시아 학생으로, 중국으로 유학을 가는 중이라고 했다.

우리가 같이 찾아줄게요.

그냥 시간이 많~아서 그래요. 호호!

그런데, 러시아 돈을 중국 돈으로 환전해야 하는데 이 주변에 은행이 있을까?

나중에 그들이 있는 방으로 놀러가 봤더니 방도 예뻤다

우리와 같은 시베리아 횡단 열차를 타고 온 것 같았다.

여기가 은행이 맞긴 한데

역과 반대 방향에 있는 큰 비탈길을 올라갔다.

여름휴가라서 문을 닫은 것 같아.

그래도 조금만 기다려보자.

Банк закрыт на обед.

와아~

은행이 문을 열 때까지 기다리기 심심해서 비탈길을 끝까지 올라가 봤더니 아무것도 없는 황야가 펼쳐져 있었다.

다른 은행에 가보자.

아직도 문을 안 열었네.

은행 안쪽에 사람은 보이는데 왜 손님을 안 받는 거야?

이쪽 은행 세 곳도 모두 문을 닫았다.

지금은 여름휴가라서 마을에 모든 전기가 꺼진 상태야. 그래서 컴퓨터를 사용할 수 없는 거지.

휴가라서 전기를 껐다고? 말도 안 돼. 그러면 어떡하지?

여기도 문을 닫았네.

그런 대화를 주고받는 동안 열차 출발 시각이 다가와서 결국 환전은 못한 채 역으로 되돌아왔다.

드디어 러시아 출국!

러시아(Россия)라고 적힌 문을 빠져나갔다

전철이 움직이기 시작했다!

칙-

차장 안드레이 씨는 국경을 넘는 일에 대한 부담감 때문인지 몸에 딱 맞는 자켓을 입고 신경을 쓰고 있었다.

다른 차량의 차장 루디 씨

그런데 하의가 반바지다!

앗!

기차가
5분 정도
달렸을 때

예토 네이프라나야 떼리또리야
Это нейтральная
территория (중립지대야)

문밖엔
황야가
펼쳐져
있었다.

한자다!

旅遊商店

어느 나라에도
속하지 않는
장소를 말하나?

아, 맞다. 히로는
일본인이니까 중국 글자를
읽을 수 있겠네.

좋아 좋아, 한자라면
어떤 문자라도 뜻은
이해할 수 있지.

중국어는 일본어랑 발음이
달라서 읽지는 못해.
하지만 의미는
대충 이해할 수 있지.

깜짝이야!

그런데
갑자기
명령하는
듯한
소리가
들렸다.

Show passport!
(여권을 보여주세요!)

전철은 중국 내
몽골 자치구
만저우리에
도착했다.
출국 수속을
받으려고
방에서 대기
중이다.

나는 중국어를 공부하고 있는
입장이라 읽을 수는 있는데,
뜻을 알기는 정말 어려워.

한자는 내 눈에
그림 같아 보여

그렇구나. 나는 읽지는
못하지만 문자를
이해할 수 있으니까
서로 도우면 되겠네.

라고 생각하며 방심하고 있었더니

흡!

어쩐지 군복 같은 건 어울리지 않는 소녀 같은데.

인민복 비슷한 옷 (군복인가?)을 입은 여자가 들어왔다.

여행한 나라마다 사진이 많이 있을 텐데 설마 스파이 취급받는 건 아니겠지?

과연 중국으로 들어가기 위한 검문은 엄격했다! 군복 소녀는 컴퓨터의 폴더를 열어 모든 파일을 검색하고 꼼꼼하게 확인했다.

이번엔 화장품 파우치를 열어 탐폰을 꺼내본다.

What is this? (이게 뭡니까?)
rouge? (루주?)

달그락 달그락

아이참, 그렇게 함부로 꺼내면 어떡해요?

물론 짐도 체크했다.

좀 귀엽네

슥

그러자 무슨 뜻인지 알았다는 걸까, 그녀의 얼굴이 빨개졌다.

머뭇 머뭇

탐폰을 영어로 뭐라고 하지?

woman's… (우, 우먼스)

117

질문을 마치자 그녀는 뒤에서 보고 있던 안드레이와 루디에게 무슨 말인가를 했다.

뭐, 문제가 있나?

그런 다음에는?

음, 카자흐스탄.

그리고 다음에는?

우즈베키스탄에 갈 계획입니다.

이렇게 자세하게 묻다니, 뭐하려고 이런 것까지 물어본대? 너무한 것 아냐?

중국에서는 어디에 갈 생각이죠?

그리고 질문 공세가 이어졌다.

그러니까, 베이징에 갔다가 몽골로…

그 후 역내에 있는 국경 검문소에서 몇 시간에 걸쳐 검문을 받았다. 검문이 끝나고 역사 밖으로 나오니 완전히 해가 저서 캄캄했다.

그녀가 카자흐스탄이니, 우즈베키스탄이니 하면서, 여러 나라에 가보고 싶대.

러시아와 달리 중국은 역 조명이 밝구나.

업무상 질문한 게 아니라 단지 개인적으로 궁금해서 물었던 거야?

당황

어쨌든 내 여행 경로에 대해서 설명하고 있는 것 같았다.

중국, 하면 역시 마천루지!

각양각색의 한자 네온사인이 화려하게 불을 밝히고 있었다.

멀리 보이는 거리에서는 축제가 열리는지 사람들의 환호성이 들렸고 불꽃이 하늘 높이 날아오르고 있었다.

와~

와~

그리운 아시아로 돌아왔구나, 라는 실감이 들었다.

빠앙~!
빠앙~!

무슨 소리지?

불꽃놀이도 정말 예쁘지!

뭐지, 이 이상한 예감은?

그래. 노르만 씨에게는 이 풍경이 이국적으로 보이겠구나.

와, 끝내준다. 내가 지금 중국에 있다니.

찰칵

찰칵

아, 피곤해.

나는 '후이라이'라는 말을 평생 잊지 못할 것 같아.

안심이 되면서 쓰러지고 싶을 정도로 기운이 쏙 빠졌다.

비틀 비틀

밤 12시쯤 전철이 플랫폼으로 돌아왔다.

번쩍

칙~ 칙~

칙~ 칙~

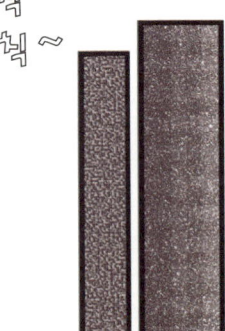

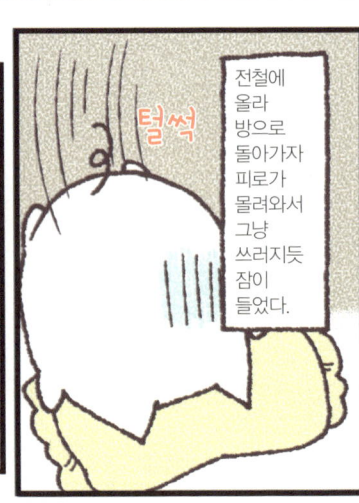

털썩

전철에 올라 방으로 돌아가자 피로가 몰려와서 그냥 쓰러지듯 잠이 들었다.

122

차창으로 초원과 말 떼가 보였다.

점심때 쯤에서야 잠에서 깼다.

아직 시차적응이 안돼서 멍~하다

음냐 음냐

중국어 교과서 들고 공부중

히로, 잘 잤어?

아, 노르만 씨!

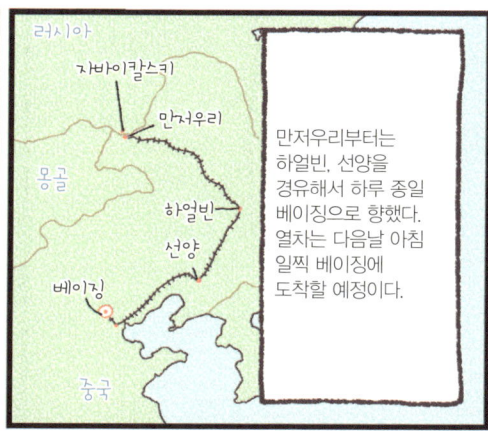

러시아

자바이칼스크

만저우리

몽골

하얼빈

선양

베이징

중국

만저우리부터는 하얼빈, 선양을 경유해서 하루 종일 베이징으로 향했다. 열차는 다음날 아침 일찍 베이징에 도착할 예정이다.

Можна видеть тигровый заповедник
(호랑이 보호 구역을 볼 수 있습니다)

안드레이가 창밖을 가리키며 노르만 씨와 말을 주고받는 중이다.

승객이 얼마 되지 않아 일이 한가해진 안드레이도 방으로 들어왔다.

쓰윽~

창밖에는 좀 전의 초원과는 완전히 다른 거대한 숲이 나타났다.

와아!

기대된다

티그라 тигра
(호랑이)

야생 호랑이 보호 구역이래.

와아, 정말 호랑이가 있을까?

노르만 씨는 신기하게도 안드레이의 러시아어는 알아들었다

호랑이…

하지만 호랑이가 결국 보이지 않자 실망하는 안드레이.

안드레이도 호랑이가 정말 보고 싶었나보다

숲이 끝날 때까지 우리 모두 창밖을 바라보고 있었다.

심심해하는 우리를 위해 다양한 것들을 보여주고 싶은 건가 봐. 좋은 사람이야.

5일 동안 승객을 위해 계속 일했으니 차장들도 쉬려는 모양이다.

아악~!

옆 차량의 차장 루디가 목욕 가운을 두르고 있는 모습이 보였다.

아이참, 부끄러우면 옷을 입고 있든지.

어머!

무심코 뒤를 돌아보니

더워~

와, 매점이다.

기온이 무려 40도! 무시무시한 더위다.

햇빛 아래 3초도 서 있기 힘들 정도로 뜨거운 날씨다.

전철이 하얼빈 역에 도착했다.

매점에서 산 맥주를 마셨다.

우리는 방으로 돌아가서

술도 미지근하네

노르만 씨와 맥주랑 안주를 샀다.

HARBIN
小麥王

하얼빈 맥주, 5위안

달콤 짭짤한 닭발조림

역 매점에는 흘러넘칠 정도로 많은 상품들이 진열되어 있었다.

이름도 없는 작은 역

하얼빈에서 조금 더 가면 작은 역이 나오는데, 거기서 그 고속 전철을 볼 수 있는가 봐.

뭐라고 하는 거야?

엄청나게 빠른 전철이 온다고 보러 가자고 하네.

갑자기 안드레이가 흥분한 모습으로 달려오더니 뭔가를 보러 가자고 소리쳤다.

스베르흐스카라스뜨노이 파사지르스키 엑수프레스! (Сверхскоростной пассажирский экспресс)

휙 휙

전철에 관심이 많은 노르만 씨와 안드레이는 즐거워 보였다.

아, 왔다.

워잉—

너무 더워서 그늘에 숨어서 기다렸다

시속 400킬로미터라는데.

저, 정말?

그래도 안드레이와 노르만 씨는 고속 전철을 볼 수 있어서 신나는 것 같았다.

뭐야, 벌써 지나간 거야?

칙~ 칙~

방에 돌아오자. 마땅히 할 일이 없어서 나는 그림을 그리고 노르만 씨는 중국어 공부를 했다.

칙~ 칙~

심심해.

아~

대굴대굴

즐겁기도 하고 조금
외롭기도 했던
여름휴가가 이제 곧
끝나버리겠지.
벌써 이 시간이
그리워질 것 같다는
느낌이 들었다.

이제 곧 시베리아
횡단 열차가 베이징에
도착하면 다시 여행이
시작된다. 하지만 지금은
아무런 할 일이 없다.

그래, 해가 지고
어두워질 때까지
지금 이 시간을
즐겨보는 거야.

음냐
음냐

다음
날
아침

뭐, 뭐야!

아직 어두운
시각에 최대
긴장 상태로
잠에서 깼다.

히로, 일어나!

벌떡

128

여유롭게 →

허둥지둥

이제 베이징에 도착했어.

헐!
빨리 준비해야겠다.

그리고
드디어

베이징에
도착

피식

안드레이는
이미
제복으로
갈아입은
상태였다.

와아,
제복 입은 모습
오랜만에 보네요.

대화를 좀 더 하고 싶었는데 ...

다스비다냐 ДОС видания (안녕히 계세요)

꾸벅

발쇼예 스바시바 Большое спасибо (정말 고맙습니다)

오늘은 시베리아 횡단 열차와 이별하는 날이다.

안드레이!

하지만 이런 내 마음, 안드레이도 분명 알 거야.

Bye! safe journey!

와아, 여기가 바로 중국이구나!

포스터가 한자로 적혀 있네!

이쪽 저쪽 사람, 사람, 사람들.

이 전철로
8일 전에
러시아
모스크바를
출발해서

そ46-603

추억이
떠오르다가
사라져버리자,
마치 꿈을 꾼
듯한 기분이
들었다.

그렇지?

마, 마,
맛있네요.

말린 갈고등어
맛이네

카튜샤 가족,
나이스챠 가족,
안드레이, 루디,
왕씨 일행과
만났다.

그리고
헤어
졌다.

빠앙~

전철도
떠났네.

안녕~

에필로그

중화인민공화국의 수도 베이징. 이곳은 명나라 때 처음으로 세워져서 청나라 시대까지 궁전으로 사용되었던 '자금성' 등 옛 건물이 많이 남아 있는 도시다.

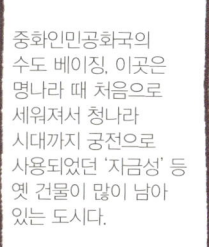

시베리아 철도의 종점. 중국의 베이징.

여기가 베이징 덕으로 유명한 식당이야.

와우! 가게가 고급스럽다.

만리장성

관광 정보에 어두운 나에게 노르만 씨는 여러 가지 정보를 알려 주었다.

나야, 놀러 왔어

시베리아 횡단 열차에서 만난 노르만 씨와는 그 후로도 자주 함께 다녔다.

엿물을 발라서 굽는다고?

오리고기는 원래 오리 껍질만 먹었다고 한다

베이징 덕은 오이채와 생파를 오리 껍질로 싸서 된장 소스를 찍어 먹는다.

식당 주인은 베이징 덕을 통째로 가져와서 바로 우리 눈앞에서 잘라주었다.

하아! 아주 깊은 맛이 나네. 게다가 채소가 아삭아삭 씹히는 것이 정말 상큼해!

혹시 관광지 같지 않아서 관심이 없다고 하지는 않을까?

다음날 아침. 베이징덕에 대한 답례로 노르만 씨를 내가 묵고 있던 호스텔 주변의 골목인 후퉁*으로 안내했다.

엿물을 발랐다고 하더니 껍질이 입속에서 살살 녹네, 녹아!

아, 행복해!

* 후퉁(胡同): 베이징 시내의 전통 건축인 '사합원'이 산재한 좁은 골목 일대를 말한다 —옮긴이.

이런 게 바로 중국 그대로의 모습이야.

좋아해서 정말 다행이다!

찰칵 찰칵

노르만 씨는 역 부근의 고급 호텔에 묵고 있었기 때문에 후퉁의 서민적인 분위기가 아주 신선하게 느껴졌던 모양이다.

역사를 간직한 멋진 건물들이 정~말 많네!

뜻밖에도 노르만 씨는 정말 재미있어 했다.

찰칵 찰칵

휴우!

134

라며 내가 쑥스러울 정도로 좋아했다. 역시 좋은 사람이야.

베이징의 진짜 모습을 체험할 수 있어서 너무 좋아. 히로 덕분이야, 고마워!

후통 구경을 끝내고 내가 매일 이용하는 식당에 노르만 씨를 데려갔더니.

현지인들만 다니는 가게에 오게 되다니 정말 재미있어, 히로!

으아, 이 수프 너무 매워!

헤헤, 얼굴이 새빨개졌어!

고추와 산쵸(山椒)가 듬뿍 들어 있다

노르만 씨가 베이징을 출발하기 전날 밤에는 훠궈*를 먹으러 갔다.

* 훠궈(火鍋) : 중국식 샤부샤부-옮긴이.

또 봐!

그런 생각이 들었지만 실감이 나지 않아 평소처럼 헤어졌다.

이건 부드러운 맛이야

노르만 씨 얼굴을 매일 볼 수 있어서 좋았는데 오늘이 마지막 날이구나.

어쩌면 이제 평생 못 만날지도 모르지.

...앗?

여행한 노선

그 후로 나도 베이징을 떠나 중앙아시아, 유럽, 중동, 남아시아를 여행했다.

외국인이다

방글라데시

그리고 떠나왔다.

외국인 처음봐

프랑스

우즈베키스탄

맛있다~!

여행을 다니면서 다양한 사람들을 만났다.

드디어 일본으로 돌아가는 거구나. 반년이 훅 지나갔네.

비행기 창밖은 어두웠고 가끔 거리의 불빛이 보였다.

러시아 항공을 통과하는 중

여행 도중 이탈리아에서 비행기로 일본에 일시 귀국할 때

이렇게 비행기를 타고 있으니 여행을 시작했을 때 생각이 나는구나.

내가 한 달이나 걸려서 횡단했던 유라시아 대륙을 비행기는 단 14시간 만에 날아갔다.

불안불안

불안한 마음으로 여행을 시작했다.

아, 어떡하지. 정말로 나 혼자 여행을 떠나는 거네.

반년 전에 나는 일본을 출발해서 북유럽, 노르웨이로 여행을 떠나

쓸쓸~

시베리아 열차가 저렇게 쓸쓸한 길을 지나가는 거야?

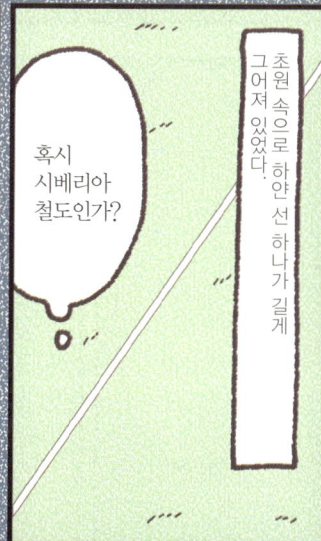

혹시 시베리아 철도인가?

초원 속으로 하얀 선 하나가 길게 그어져 있었다.

과연 러시아는 넓구나!

그러던 중 끝없이 펼쳐지는 러시아의 초원을 창문으로 보았다.

하지만 지금은

과거의 나는 미지의 러시아에 주눅 들어 있었다.

아, 무서워. 돌아가고 싶어.

안드레이와 루디 차장은 잘 지내겠지?

시베리아 횡단 열차는 오늘도 어딘가를 달리고 있겠지.

혹시 카튜샤 가족이 살고 있는 이르쿠츠크일지도 몰라.

저~기 보이는 도시 이름은 뭘까?

여러 나라를 여행했지만 현지 사람들과 그렇게 긴 시간을 함께한 것은 시베리아 횡단 열차에서의 경험이 최초였다.

불과 11일 동안이었지만

러시아를 체험하고

러시아인들과 함께 밥을 먹고 잠을 잤다.

시베리아 횡단 열차는

많은 사람들과의 만남과 소중한 추억을

나에게 안겨 주었다.

고마워. 시베리아 횡단 열차!

지금에 와서 되돌아 보니

모든 하나 하나의 일들이

귀중한 체험 이었다는 생각이 든다.

후기

　《여자 혼자 시베리아 철도 여행》을 읽어주셔서 감사합니다. 이 책은 2010년 저의 러시아 여행을 바탕으로 한 작품입니다.

　그 당시 시베리아 철도에 대한 열망만 잔뜩 품은 채 러시아행 비자를 발급받았지만, 러시아에 대해 알고 있는 상식이라고 해봐야 '과거에는 소련'이었으며 '대통령이 푸틴'이라는 정도였습니다. 러시아에 입국하기 전에 잔뜩 불안해하는 저를 걱정한 친구는 격투 역사의 명장면으로 꼽히는 동영상 하나를 보여주었습니다. 격투기 선수였던 표도르가 시합을 하는 모습이었습니다. 저먼 수플렉스(German suplex)를 맞고도 태연하게 일어서는 그의 모습을 보고, 러시아의 즐거운 면을 느끼라는 의도로 보낸 것이라고 하는데, 오히려 공포의 나라라고 생각하게 되었습니다(처음에 러시아 사람과 대화하던 중 무서워했던 것은 그 때문입니다).

　그런데 막상 러시아에 입국하고 보니 말이나 태도는 무뚝뚝하지만 마음만은 따뜻한 러시아 사람들의 도움을 받게 되면서 입국 전에 가졌던 편견은 깨끗이 사라졌습니다. 특히 시베리아 철도에서 만난 이들은 처음부터 저를 가족

처럼 대해주었습니다. 짧은 기간이지만 그들과 가까운 이웃이 되어 마음을 터놓고 이야기를 나눌 수 있어서 참으로 좋았습니다. 그 만남은 이때까지 관광지에서 만났던 어떤 사람들보다 가깝고 깊은 교제였습니다.

　이 책에도 나오지만 러시아 사람들은 퉁명해 보여도 사실 정이 깊고, 타인을 있는 그대로 받아들이는 사고를 가지고 있습니다. 카튜샤는 아이들에게 사과를 잘라줄 때 으레 제 몫도 떼주었고, 안드레이 차장은 승객들이 심심해할까 봐 고속 전철을 비롯해서 창밖의 재미있는 것들을 보여주려고 애썼습니다.

　이처럼 러시아인들의 일상에 섞여 함께 지내고 서툴지만 러시아어로 대화하다보니, 그들도 결국 나와 같은 사람들이라는 것을 알게 되었습니다.

　독자 여러분도 이 책을 통해 러시아인은 물론 세계인과 만날 수 있는 시베리아 철도 여행을 꿈꿔보시길 바랍니다.

오다 히로코

Original Japanese title: ONNA IPPIKI SIBERIA TETSUDOU NO TABI
Copyright © Hiroko Oda 2015
Original Japanese edition published by East Press Co., Ltd.
Korean translation rights arranged with East Press Co., Ltd.
through The English Agency (Japan) Ltd. and Danny Hong Agency.
Korean translation copyright © 2016 by Jaeum & Moeum

여자 혼자 시베리아 철도 여행

ⓒ 오다 히로코, 2016

초판 1쇄 인쇄일 2016년 11월 14일
초판 1쇄 발행일 2016년 11월 21일

지은이   오다 히로코
옮긴이   박유미
펴낸이   정은영
기획편집   고은주
펴낸곳   꼼지락
출판등록   2001년 11월 28일 제2001-000259호
주소   04083 서울특별시 마포구 성지길 54
전화   편집부 (02)324-2347   경영지원부 (02)325-6047
팩스   편집부 (02)324-2348   경영지원부 (02)2654-7696
이메일   spacenote@jamobook.com

ISBN 978-89-544-3682-3 (13190)

· 잘못된 책은 구입처에서 교환해드립니다.
· 꼼지락은 "마음을 움직이는(感) 즐거운(樂) 지식을 담는(知)"
  ㈜자음과모음의 실용에세이 브랜드입니다.

이 도서의 국립중앙도서관 출판예정도서목록(CIP)은 서지정보유통지원시스템 홈페이지
(http://seoji.nl.go.kr)와 국가자료공동목록시스템(http://www.nl.go.kr/kolisnet)에서
이용하실 수 있습니다.(CIP제어번호: CIP2016026240)